La cocina china

L. y M. Landra

LA COCINA CHINA

dve
PUBLISHING

ADVERTENCIA

La ortografía de las palabras puede variar en función de los métodos de transcripción. Así, los productos que se encuentren en el mercado no siempre estarán escritos de la misma forma en todos los lugares. Por ejemplo, la palabra *chao tzu* puede escribirse *zao tsu* o *shau zhu*.

Las recetas de las páginas 35 arriba, *47 abajo, 62, 65, 68 y 76* arriba y abajo, *87, 97 y 103* arriba, *y 106* arriba *han sido amablemente cedidas por Aprifel; la de la página 45, por Interfel.*

Fotografía de la cubierta de © Pathana Sysaykeo (de la firma Le Lane Xang, 10, rue de la Sure, 38600 Fontaine).

Traducción de Nieves Nueno Cobas.

Índice

INTRODUCCIÓN

La cocina china puede definirse como un arte refinado muy antiguo, ya que en China los placeres de la mesa tienen sus orígenes en tiempos remotos. La cuidadosa preparación de los platos ha hecho de la gastronomía china una de las más grandes del mundo.

La variedad de ingredientes y métodos de cocción atestigua con claridad la evolución de esta civilización en materia de estilo. La preparación de los alimentos y el corte de verduras y carnes se basan en conocimientos técnicos precisos y, además, son dictados por motivos prácticos: hay que poder comer con ayuda de palillos. La lentitud de movimientos es aquí sinónimo de nobleza.

La fase que aporta mayor satisfacción no es tanto la de la ejecución como la de la preparación, lenta y laboriosa, que combina exotismo, acertadas dosificaciones, proporciones y asociaciones minuciosas con la originalidad de los distintos elementos.

En la cocina china, todo se predispone con precisión y exactitud, con el meticuloso cuidado procedente de una experiencia milenaria.

La presentación de los platos es una armonía de formas y colores, de aromas y sabores, en una alternancia difícil de igualar. Esta cocina sabe ofrecer unos platos realizados con ingredientes que se completan de forma tan afortunada que cada plato alcanza el equilibrio y la sofisticación a través del contraste de sabores y aromas.

La preparación de la mesa, sobre todo para las comidas más importantes, es laboriosa y obedece a unos cánones estéticos muy concretos. Los cuencos se escogen según su forma y color. Los platos y fuentes deben asociarse con los manjares que contienen, a fin de obtener un todo armonioso, que estimule los diferentes sentidos relacionados con la degustación del alimento, incluidas las emociones visuales que puede aportar un plato.

Los entremeses ocupan un importante lugar en la cocina china. Son bastante difíciles de describir, pero muy agradables de observar, puesto que adoptan la forma de dragones, pavos reales u otros animales, ¡ante los cuales uno no puede dejar de pensar que se ha necesitado una paciencia «de chino» para modelarlos!

Como es natural, cocinar al estilo chino implica utilizar productos a menudo desconocidos, que pueden parecer extraños a primera vista, pero, una vez que se ha aprendido a dosificar el sabor incomparable de la soja o el delicado aroma del jengibre, se descubren sabores que a continuación se desean mezclar con los de los platos cotidianos.

LECCIÓN 1

Breves nociones históricas

Cada cocina cuenta la historia de su país, de su pasado, de su pueblo. Así ocurre con China, donde la gastronomía forma parte integrante de la cultura, el arte y el pensamiento, en estrecha relación con la filosofía y la religión.

La cultura de esta vasta nación asiática hunde sus raíces en tiempos muy antiguos. Tres mil años antes de nuestra era, ya se escribía allí a propósito de cocina, se elaboraban recetas, se escogían platos especiales destinados a las ceremonias religiosas, a acontecimientos o a conmemoraciones de personajes célebres.

Existen piezas arqueológicas que atestiguan la existencia de registros desde la época de la dinastía Zhou, en el siglo XI antes de nuestra era.

La expresión *ko p'eng*, registrada en esta época, indica que el método de «freír removiendo» se utilizaba ya en las cocinas familiares; lo mismo vale para numerosos sabores comunes, como la salsa de soja, la pimienta y la canela.

En el siglo VI antes de nuestra era, el filósofo Lao-Tse se servía de ejemplos procedentes de la gastronomía para ilustrar el concepto del buen gobierno.

La literatura china es rica en ejemplos de poesía que tratan del arte de la preparación de los alimentos y de la forma de degustarlos.

A lo largo de los siglos, la cocina china continuó su itinerario grandioso hasta la cima, que alcanzó durante la dinastía Song (960-1127), cuando emperadores y dignatarios daban fastuosos banquetes sin reparar en gastos.

En el año 628 de nuestra era, el emperador Tang Taizong (Li Shimin) puso de moda las langostas fritas a modo de tentempié, a fin de demostrar a la población que las invasiones periódicas de estos insectos, sembradores de hambre y miseria, no eran un signo de la cólera de los cielos sino un acontecimiento natural, y que, por lo tanto, el hombre podía alimentarse de ellos sin peligro, obteniendo así un beneficio de una catástrofe.

En los libros de cocina china se hallan descripciones acompañadas de consideraciones y referencias al sentido de la estética, a la gracia y la belleza de la naturaleza, que enriquecieron las recetas originales y dieron vida a una literatura rica en leyendas y anécdotas. En la célebre novela del siglo XVII *Le rêve dans le pavillon rouge (El sueño en el pabellón rojo)*, la noble Feng-Chieh explica a la campesina Liu, una pariente pobre y sencilla, el arte de cocer las berenjenas.

La cocina china, vinculada a un ambiente y a unas condiciones sociales y culturales concretas, es fruto de investigaciones milenarias que aspiran a hacer comestible todo lo que puede digerirse. Su evolución influyó en las cocinas de los países orientales limítrofes. Con el tiempo, también Occidente ha experimentado la influencia china. A finales del siglo XIX, las provincias meridionales de China, las más afectadas por la guerra y las calamidades, vieron partir a los primeros emigrantes en busca de mejor suerte. Al llegar a ciudades como San Francisco, Londres y Melbourne, formaron unas comunidades con frecuencia prósperas. Entonces se modificaron todas las recetas tradicionales para adaptarlas al gusto local, convirtiéndose a veces en verdaderas aberraciones.

Del mismo modo, en Pekín, en 1912, bajo la presidencia del general Yuan Shikai, que quería obtener préstamos de las potencias occidentales, se organizaban banquetes suntuosos pero ignominiosos para los diplomáticos extranjeros, como atestigua Daniel Varé, encargado de negocios en Pekín de 1914 a 1919, en su libro de memorias *Le diplomate souriant (El diplomático sonriente)*.

Hoy en día, los restaurantes chinos abundan en España, como fuente de todo tipo de delicias: mil platos, mil salsas y una ronda de sabores insólitos. Aunque desean conducir el paladar a la búsqueda de refinadas sensaciones, también se encuentra en ellos el ingenio campesino que hace de la necesidad virtud.

Lección II

Aprender a conocer la cocina de las distintas regiones

Debido al gran tamaño del país, a las distintas regiones que lo componen y a la antigua tradición gastronómica que posee, China puede presumir de una cocina muy variada y abundante.

En efecto, esta cocina presenta una gran multitud de estilos, que provienen de las diferentes costumbres, que varían según las regiones, tanto en los ingredientes como en los métodos de cocción.

La carne de cerdo y los huevos son características comunes a todas las regiones, pero cada una de ellas posee sus especialidades, basadas en tradiciones antiguas, pero también en la disponibilidad de los diversos ingredientes.

A grandes rasgos, la cocina china puede dividirse en cinco estilos principales, que corresponden de forma aproximada a las cinco grandes zonas geográficas: septentrional, oriental, occidental, central y meridional.

• El **estilo del Norte**, o **de Pekín**, es austero, casi rígido. La cocina incluye carne, sobre todo de cerdo, cocinada sencillamente al estilo *kao* (asada o al horno), que es la que requiere la cocción más larga. Las pastas a base de distintas harinas, a excepción de la pasta de arroz, el pan de harina de trigo y unas gachas de mijo son también elementos importantes que constituyen uno de los platos básicos de la cocina cotidiana; las aves y las verduras, poco numerosas y entre las cuales la col ocupa el primer puesto, están poco presentes en esta región. Los condimentos son asimismo bastante escasos: ajo, cebolla, salsa de soja y vino de arroz (*jiu*) para los adobos y las salsas; el uso de la guindilla es muy reducido. El plato más conocido de esta región es el pato lacado, que a menudo se acompaña de tallarines y mermelada de judías.

• El **estilo del Este**, o **de Shanghai**, se basa en el consumo de pescado y marisco; como acompañamiento, se utiliza el arroz hervido o el *juk*, una especie de puré de arroz. El condimento más utilizado es la salsa de soja; los platos son sabrosos y aromáticos, aunque no demasiado picantes. Las verduras se utilizan mucho, servidas como acompañamiento en casi todas las comidas. Se utilizan distintos métodos de cocción: al vapor, a la brasa, salteado en la sartén o en fritura. Es una cocina sabrosa y nutritiva. Los platos principales consisten en una serie de raviolis cocidos al vapor, albóndigas y tallarines de harina de trigo. El plato más conocido es la sopa de nidos de golondrina.

• El **estilo del Oeste (Sichuan)** se caracteriza por sus especias. La propia región da su nombre a un tipo particular de pimienta negra. Los alimentos son aromatizados, en ocasiones picantes, y se utilizan mucho las setas.

• El **estilo del Centro (Yunnan)** es especialmente picante. La cocina de esta región es densa y cargada, y utiliza distintas pimientas, guindilla, ajo, cebolla y jengibre. Abunda en especialidades, ya que puede contar con una gran variedad de productos locales. No falta el pescado, en general seco.

• El **estilo del Sur**, o **de Cantón**, es el más célebre y conocido en Occidente. En general, se le da preferencia porque es una cocina poco compleja y tal vez más variada que las demás, pues la parte meridional de China es una región subtropical, muy rica en pescado y marisco, pero también en verdura y fruta. El arroz ocupa un lugar principal en esta cocina, seguido de muy cerca por las sopas (la más conocida es la de aletas de tiburón). Los alimentos tienen sabores delicados, obtenidos con condimentos ligeros, y se acompañan de salsas líquidas y transparentes, así como de verduras crujientes. La carne no se utiliza mucho, en particular la de cerdo, y se prefiere el pescado y el marisco. El método de cocción más empleado es el *chao*, que consiste en freír removiendo sin cesar los distintos ingredientes en un wok, con muy poco aceite y a fuego vivo. La cocina chao es muy rápida, por lo que todo debe estar cortado fino para que la cocción sea completa.

A estos diversos estilos, cabe añadir el oficial, utilizado en los banquetes formales y denominado *mandarín*. Consiste en un surtido de platos que se consideran los más representativos, o refinados, del conjunto de cocinas regionales.

LECCIÓN III

Usos y costumbres chinos

Observamos sobre todo los usos diferentes de los chinos en la mesa cuando se trata de servir la comida.

La comida china tiene una estructura horizontal, pues los platos se sirven al mismo tiempo, de forma que la mesa presente en el mismo momento todo un surtido de alimentos.

Por el contrario, nuestra comida es vertical, pues el menú se descompone según una sucesión de platos ordenados en varios tiempos: pasamos de los entremeses al primer plato y luego al segundo, para acabar con el postre.

En China, la **comida familiar** conlleva una sola serie de platos, siete u ocho aproximadamente, e incluso más, en cantidad limitada, asociados según criterios de equilibrio y armonía. Eso significa que un plato crujiente se asocia con un plato en salsa; un plato ácido con un sabor dulce, uno picante con un gusto más delicado.

Se comienza por los platos fríos, que se disponen juntos en una bandeja giratoria. El comensal se sirve cogiendo un bocado cada vez de una de las fuentes, que unta en una de las numerosas salsas disponibles en los pequeños cuencos dispuestos en la mesa, y que a continuación se lleva directamente a la boca. Seguidamente, puede venir una serie de platos calientes, acompañados de arroz, a base de carne, pescado o verdura. Luego se sirven los postres, dispuestos en unos platitos colocados en el centro de la mesa. Al final de la comida, se ofrece un caldo o una sopa.

Una **comida oficial**, o importante, consta de muchos platos y puede considerarse como una serie de pequeñas comidas autónomas, siempre asociadas respetando un principio de armonía, tanto dentro de cada comida como en su sucesión. En este caso, la etiqueta es rígida y complicada, y los platos pueden ser más de treinta.

Los platos fríos, al menos doce, se disponen en círculo sobre la mesa, de forma estética, y permanecen allí hasta el final de la comida. A medida que se desarrolla la comida, se desplazan hacia el centro de la mesa para dejar espacio a los platos principales.

Los platos fríos pueden consistir en fruta confitada, fresca o seca, verduras agridulces, huevos, despojos y jamón.

A continuación, se sirven ocho platos principales, entre los cuales se incluyen, en general, ciertos platos tradicionales célebres como la sopa de aletas de tiburón y el pato lacado, acompañados de arroz u otros platos de acompañamiento.

La comida puede ser larga y durar varias horas.

El anfitrión empieza brindando por sus invitados, diciendo *kampai* (nuestro «chin chin») para invitarlos a beber. El huésped importante responde invitando a su vez a todo el conjunto de comensales a brindar en honor del anfitrión.

Durante la comida, se sirve té verde muy caliente.

Al final de la comida, se brinda de nuevo en honor del anfitrión para darle las gracias.

En la mesa, el tema de conversación gira en torno a los platos servidos, su nombre, siempre lleno de significados y símbolos, su historia y su tradición.

El cuchillo nunca aparece en las mesas chinas.

Cada fuente está a disposición de todos los invitados, que se sirven directamente con sus palillos.

La mesa suele ser redonda, y el mantel, de color liso; el número de invitados debe ser par.

Nunca debe haber flores sobre la mesa y no se deben regalar a la anfitriona.

Los palillos nunca deben dejarse apoyados en el plato, sino en el mantel o en los palilleros adecuados. Dejarlos clavados en el cuenco de arroz es un signo de hostilidad hacia el anfitrión.

A diferencia de las costumbres occidentales, es de buen gusto mostrarse muy ruidoso en la mesa, para demostrarle al dueño de la casa la gratitud que se siente al saborear la comida que ha preparado.

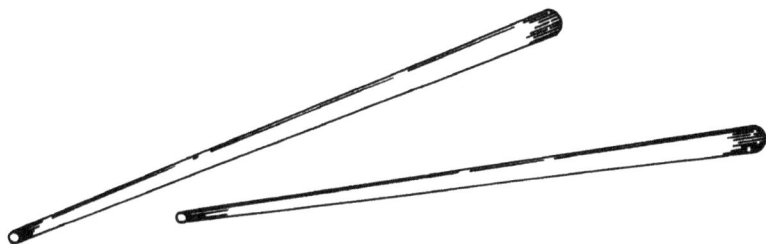

palillos

LECCIÓN IV

Cómo utilizar los distintos utensilios y equipos

Los utensilios propios de la cocina china pueden sustituirse por los que solemos utilizar nosotros, ya que todos encuentran fácilmente un equivalente en nuestras cocinas, a excepción del wok y de las cestas de bambú para la cocción al vapor.

Otros utensilios característicos del arte culinario chino son el cuchillo chino, el cucharón de rejilla, la cuchara de madera y los palillos. Es fácil encontrarlos en España, en las tiendas chinas.

• El **wok** es el utensilio de cocina más utilizado y particular de la cocina china. Es una gran sartén de fundición o hierro, profunda, con fondo redondo, provista de una o dos asas. Sirve para freír y saltear deprisa los alimentos cortados en trozos menudos y muy poco sazonados, pues su forma facilita el movimiento continuo de los trozos y evita quemarlos. Con el wok, no hay dispersión de calor. Se trata de un instrumento muy práctico, ya que en él se pueden guisar cantidades tanto pequeñas como grandes. Nunca hay que lavarlo con agua, sino que se debe limpiar su fondo con sal gruesa y luego con papel absorbente. Actualmente, existen modelos provistos de tapa y de acero inoxidable.

• Las **cestas de bambú** son idóneas para la cocción al vapor, ya que el bambú es un material poroso que permite una buena ventilación e impide que el vapor se condense en la tapa y ablande los alimentos. En la base se sitúa una rejilla fija, y las cestas pueden superponerse. Apiladas unas sobre otras encima de una cazuela de

wok

agua hirviendo, permiten cocer al mismo tiempo todos los elementos de una comida, mediante una sola fuente de calor. Con su tapa, también de bambú, las cestas pueden sacarse directamente a la mesa.

Antes de utilizarlas, se recomienda dejarlas en remojo en agua durante una noche y secarlas a continuación con una esponja, para eliminar el olor desagradable del bambú. Después del uso, son fáciles de limpiar; se pueden humedecer de vez en cuando, pasándoles un poco de aceite. Para los chinos, el uso de las cestas permite conseguir unos alimentos tiernos y puros.

cestas de bambú
superponibles

• El **cuchillo chino** es un gran cuchillo en forma de pequeña hacha, muy afilado y pesado, que sirve para cortar la carne y las verduras con mucha rapidez y precisión.

• El **cucharón de rejilla** es plano y redondo; sirve para escurrir perfectamente los alimentos. Resulta idóneo para los alimentos fritos.

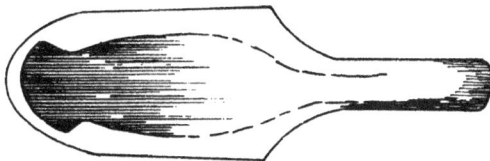

• La **cuchara de madera** es distinta de las nuestras. Es ancha y plana, mide 30 cm de largo, aproximadamente, y se ensancha hacia el extremo, volviéndose algo cóncava. Su extremo redondeado permite desprender con facilidad los alimentos que tienden a pegarse en el fondo de la sartén. Resulta muy práctica, ya que no estropea el fondo del wok y, sobre todo, permite remover con facilidad los alimentos.

cuchillo

cuchara de madera

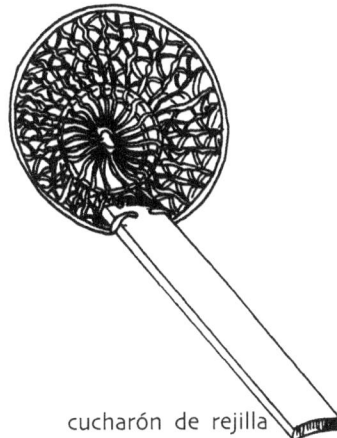

cucharón de rejilla

• Los **palillos** son los cubiertos básicos de la mesa china. Pueden ser de madera preciosa o de marfil, aunque en general están hechos de baquelita, madera común lacada o plástico. Al principio su uso resulta bastante difícil para los occidentales, pero con un poco de paciencia y práctica se puede dominar. Se cogen los dos palillos con una sola mano. El primero, sujeto entre la base del pulgar y la punta del dedo corazón y del anular, no debe moverse. El otro, en cambio, sí se mueve y se coloca entre el extremo del pulgar y el del índice, o bien entre pulgar, índice y dedo corazón.

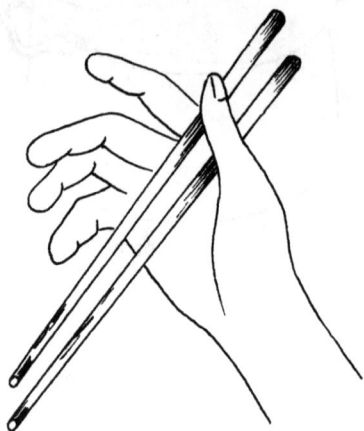

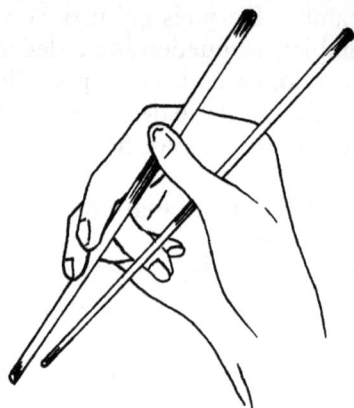

cómo sostener los palillos

• La **espátula de acero** de base ancha sirve para recoger los alimentos y removerlos rápidamente durante la cocción en el wok.

• El **cucharón** se utiliza para añadir caldo durante la cocción o pequeñas cantidades de salsa al final de la misma.

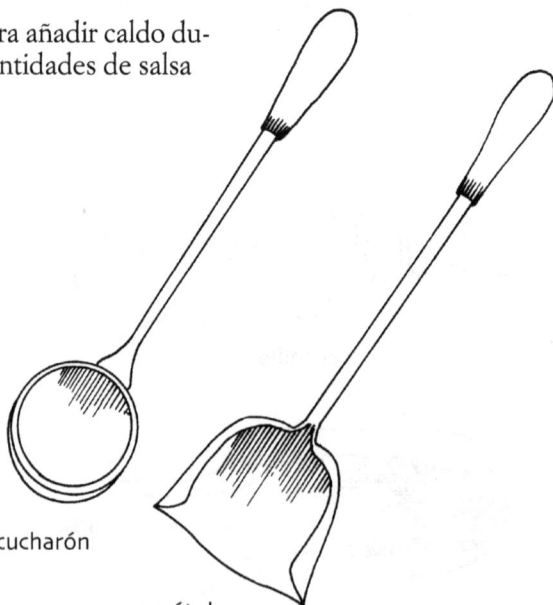

cucharón

espátula

LECCIÓN V

Platos típicos y gustos occidentales

Los chinos han sabido utilizar con inteligencia todos los recursos naturales de su tierra elaborando de esta forma una alimentación rica y variada.

La gran variedad de productos utilizados no sólo les ha permitido enriquecer su cocina, sino también alcanzar un alto grado de refinamiento.

Veamos ahora las distintas preparaciones de la cocina china.

• **Las sopas:** están muy difundidas en todos los países orientales, y son delicadas y variadas en cuanto a ingredientes y sabores. Siempre se preparan a base de alimentos cortados en trozos muy pequeños, que se cuecen durante pocos minutos, y se sirven al final de la comida, antes del postre; además, facilitan la digestión.

Entre las sopas, cabe destacar los nidos de golondrina, que se sirven en sopa en las comidas importantes. Se trata de un nido particular que construye la salangana, pájaro muy próximo a la golondrina que anida en los acantilados a orillas del mar, aglomerando algas con su saliva.

Otra sopa típica, que gusta a los paladares occidentales, se confecciona a base de aletas de tiburón. Según la costumbre oriental, las aletas de tiburón y otros muchos pescados se ponen a secar al sol sobre los tejados de bambúes cruzados. Para preparar la sopa, hay que dejar las aletas en remojo en agua fría durante al menos dos horas y luego hervirlas en un caldo de pollo aromatizado con unas especias particulares.

Los nidos de golondrina y las aletas de tiburón no están demasiado difundidos en España, pero se pueden encontrar en los comercios asiáticos, aunque a un precio bastante elevado.

• **La pasta:** los fideos, espaguetis y raviolis, de orígenes muy antiguos, son bastante parecidos a las variedades europeas. Son típicos los fideos a base de harina de arroz o de harina de soja. Se encuentran con facilidad en los comercios especializados, al igual que todo tipo de raviolis ya preparados.

• **El arroz:** es un alimento que aparece casi siempre en las mesas chinas, cocido al vapor, solo o como acompañamiento, o también mezclado con otros ingredientes.

• **Las verduras:** se utilizan mucho, hervidas en sopas o mezcladas con carne, ligeramente cocidas o salteadas en la sartén, perfumadas con hierbas aromáticas o sin perfumar. La agricultura china, como la nuestra, produce en abundancia cebollas, zanahorias, acelgas, pimientos, tomates, puerros, berenjenas, coles, judías, etc. En cambio, el bambú, los brotes y las puntas verdes y rojas de soja son una particularidad de la cocina china. Las castañas de agua son sabrosas y acompañan distintos platos, en particular el cerdo; son unos tubérculos acuáticos, bastante parecidos a las castañas. Las verduras se cortan siempre en trozos pequeños, en cubos, en rodajas o en bastoncillos, y siempre se cuecen de forma que queden crujientes. También se utilizan para decorar los platos. En este campo, los chinos son verdaderos artistas y dan pruebas de una gran imaginación. Por ejemplo, en sus manos un modesto puerro puede convertirse en una sutil flor. Las setas desempeñan una función importante: son de color oscuro y distintas de las que se encuentran en Europa, pero pueden sustituirse por champiñones.

• **Las carnes:** la más utilizada es la carne de cerdo, seguida de cerca por la de pollo, pato, vaca y conejo. La carne se corta siempre en filetes finos o en dados, se cubre con especias y hierbas aromáticas o se adoba en una salsa.

• **El pescado:** junto al marisco y los crustáceos de agua dulce y de agua de mar, en especial en la cocina cantonesa, constituye uno de los alimentos predilectos. El pescado se cocina de distintas formas y se usa casi más que la carne. La medusa seca y los cangrejos gigantes figuran entre los productos del mar, exóticos a nuestros ojos, más utilizados en la cocina china.

• **Las algas:** se encuentran de distintas clases y representan una verdadera curiosidad para nuestras papilas gustativas. Hay algas secas en hojas, bastante oscuras, que ligeramente húmedas se utilizan para confeccionar rollos rellenos de todo tipo de ingredientes; las algas *kombu*, con un marcado sabor de mar, que provienen del norte y se utilizan en las sopas o como acompañamiento; las algas *wakame*, de sabor delicado, muy de moda en las dietas por sus virtudes desintoxicantes y adelgazantes; o el *agar-agar*, alga sin sabor particular, que se utiliza para espesar caldos y gelatinas.

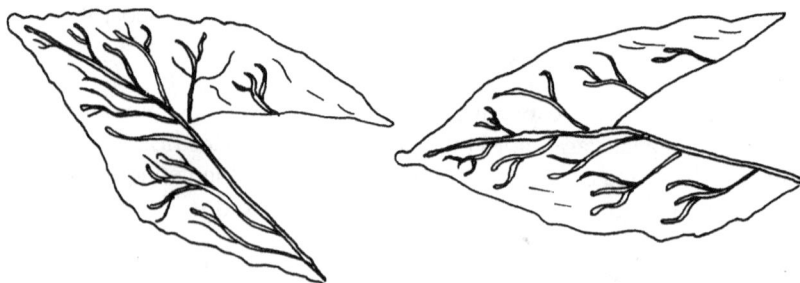

algas

• **Las salsas:** son muy variadas y se utilizan para acompañar los platos. Se preparan a base de soja y especias (distintas pimientas, guindilla, ajo, jengibre, semillas de sésamo, anís, curry, canela), y destacan el sabor de los alimentos aromatizándolos de forma inimitable.

• **Los postres:** pocos encuentran la aprobación de los paladares occidentales; entre ellos, cabe citar la gelatina de almendras, las manzanas y los plátanos caramelizados, que gustan mucho a los chinos. A menudo, se prefiere concluir una comida china con fruta fresca como los lichis, las papayas, las piñas, los mangos o los *kumquats* (mandarinas chinas), o bien con fruta en almíbar, como los delicados *longanos* (ojo de dragón), o fruta confitada, en particular el jengibre.

• **Las bebidas:** en China se bebe casi siempre té verde, con menor frecuencia té rojo y en ciertas ocasiones té negro, fuerte y fermentado, según los platos a los que deba acompañar. También se bebe una cerveza excelente y vino de arroz. Para brindar, se utiliza un licor de arroz con distintos grados de maduración.

• **Los *dim sun*:** son pequeños tentempiés servidos a cualquier hora en las casas de té. El término chino significa «Pon un puntito en el corazón», que debe entenderse como «Llena un hueco».

Su gran popularidad en China ha invadido Occidente poco a poco. En Estados Unidos, sobre todo en San Francisco (California), hay restaurantes que sólo sirven comidas a base de *dim sun*.

Diversos tentempiés se cuecen al vapor, como los *pao-tzu*, los *hsiao-mai* y los *chao-tzu*; otros se fríen, como los rollitos de primavera, más habituales en Occidente que en la propia China.

Los *chow-mein*, similares a los *dim sun*, son capaces de satisfacer los paladares más sofisticados. Se toman en la merienda.

LECCIÓN VI

Métodos de cocción

Según la filosofía china, el ser humano debe modificar lo menos posible los alimentos para no alterar sus principios nutritivos esenciales. Por este motivo, la cocina china se basa en unas técnicas de cocción bastante breves. Razones prácticas, y en particular la escasez secular de combustible, se añaden a las filosóficas. El pequeño tamaño de los alimentos permite un tiempo de cocción reducido. Por este motivo, todos los alimentos se cortan en cubos pequeños o láminas finas que a continuación se llevan a la boca con la ayuda de los palillos. La costumbre de cortar los alimentos antes de cocerlos responde a las exigencias de un pueblo pobre: una pechuga de pollo, unas almendras, una cebolla y un puñado de arroz bastan para alimentar de cuatro a seis personas satisfaciendo la vista y el paladar. En China no se utiliza ni tenedor ni cuchillo, y la cuchara sólo sirve para las sopas.

• La cocción **al vapor:** hoy en día está muy difundida en Occidente y se utiliza, sobre todo, en la región de Cantón. Es un sistema práctico, económico y muy sano, pues los alimentos cocidos al vapor conservan su valor nutritivo y su sabor. Basta utilizar el vapor desprendido por un líquido en ebullición. El líquido puede ser agua pura o mezclada con ingredientes aromáticos, bien dosificados, que se absorben durante la cocción, dando sabor a los alimentos y perfumándolos en profundidad. Es un método muy sencillo: se disponen los alimentos sobre una rejilla o en un recipiente de fondo perforado; a continuación, se coloca el recipiente sobre una cazuela con agua; se abre la cazuela y se calienta a fuego vivo para que el agua llegue a ebullición; luego se baja el fuego y se mantiene una ebullición ligera durante todo el tiempo necesario para la cocción. Los alimentos nunca deben entrar en contacto con el agua. El tiempo de

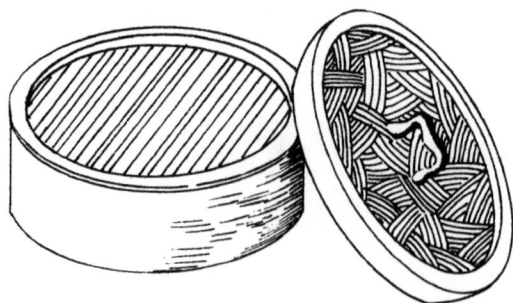

cesta de bambú con tapa

cocción varía según la calidad, la cantidad y el tamaño de los alimentos. En China, este tipo de cocción se realiza en unas cestas de bambú apiladas sobre una cazuela de agua en ebullición. El vapor se utiliza también para terminar la cocción de ciertos platos, para dar cierta armonía a un plato formado por varios ingredientes cocidos por separado o para recalentar la comida antes de servirla.

• La cocción **en agua:** como la cocción al vapor, la cocción en agua es apreciada por los chinos, pues conserva los alimentos puros y sin alteraciones. Las sopas revisten en China una gran importancia y se cuecen a fuego vivo, a diferencia de la costumbre occidental. Los distintos ingredientes, siempre cortados finos, sólo permanecen unos minutos en el caldo en ebullición, el tiempo imprescindible para que se armonicen sus sabores.

• La cocción **en sartén:** es un método de cocción muy práctico, sencillo y rápido, que consiste en cocer los alimentos removiendo sin cesar, haciendo que «salte» la sartén con un ligero movimiento de muñeca. Las carnes se cortan en tiras, dados o trozos menudos y se ponen en adobo durante unos diez minutos en una salsa de soja, sake o almidón de maíz. Las verduras se cortan de la misma forma que la carne. Carnes y verduras se fríen rápidamente, con muy poco aceite, y luego se sumergen en la salsa. A continuación, el plato se acompaña de arroz o pan, cocido al vapor, que absorbe la salsa.

• La cocción **en estofado:** con este método de cocción, en primer lugar hay que freír rápidamente los alimentos y luego recubrirlos con agua o caldo, que se absorberán lentamente durante la cocción.

• La cocción **al horno:** no es habitual, pero un plato tan famoso como el pato lacado pequinés figura entre los pocos platos chinos cocidos al horno con carbón de leña. El horno microondas permite hoy en día realizar numerosas recetas chinas sabrosas acortando los tiempos de cocción.

• La **fritura:** también se utiliza mucho en China. Una vez adobados, los alimentos se sumergen en una pasta para freír y se fríen en una gran cantidad de aceite. El aceite siempre debe estar limpio y hervir cuando se sumergen en él los alimentos, para que estos suban a la superficie al cocerse y la pasta se hinche. La pasta para freír no es necesaria para las carnes, aunque resulta muy útil para la fruta, el pescado y, sobre todo, las gambas, a fin de evitar que se deshagan.

Lección VII

Cómo preparar las tortitas, los rollitos y los raviolis

Las **tortitas** y las hojas de arroz son muy apreciadas por los chinos. Sus tortitas son distintas de las nuestras, ya que no contienen huevos y sólo están hechas de harina, agua y una cucharada de aceite.

Son pequeñas y secas.

Para prepararlas, se procede de la forma siguiente: se mezclan los ingredientes sin trabajar demasiado la masa y se dejan reposar durante media hora. A continuación, se forma una pequeña salchicha que se corta en rodajas de 1 cm de espesor, aproximadamente. Con un rodillo de pastelero, se estira la masa hasta obtener una lámina muy fina, aunque no transparente, con la que se forman discos de unos 15 cm sobre los que se extiende un poco de aceite de soja. Se vierte aceite en una sartén y se fríen las tortitas a fuego vivo, hasta que se hinchen y sus bordes se desprendan de la sartén.

Las tortitas se utilizan para acompañar el pato lacado y para confeccionar tentempiés o rollitos rellenos de carne fría, verduras y salsas variadas.

Los chinos preparan también **rollitos** con hojas de harina de arroz. Su preparación es muy sencilla, pues basta con hacer una mezcla de agua y harina de arroz, que se extiende a continuación en una capa muy fina; también se pueden comprar ya preparados en los comercios chinos.

Las hojas de harina de arroz son muy delicadas y friables, y se asemejan a grandes hostias. Para doblarlas, hay que mojarlas con un poco de agua con la ayuda de un pincel o un algodón.

Suelen rellenarse de verduras, se enrollan y se cierran como los rollitos de primavera. Se comen frías o cocidas al vapor.

Los **rollitos de primavera**, otra especialidad china, se elaboran a partir de una hoja de pasta confeccionada con agua y harina muy fina y cortada en rectángulos de 10 x 15 cm. Se rellenan de verduras crujientes u otros ingredientes, según los gustos.

Para enrollarlos, se tiene que proceder según los pasos que se ilustran a continuación:

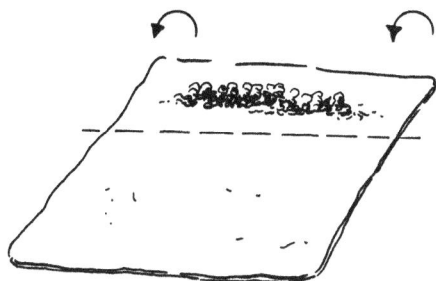

se ponen dos cucharadas de
relleno sobre una capa de masa

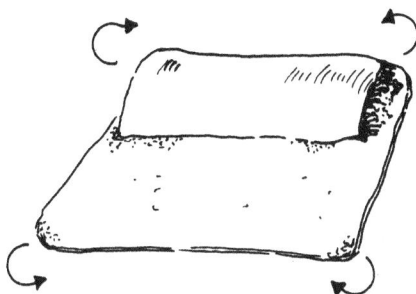

se dobla la masa sobre el relleno

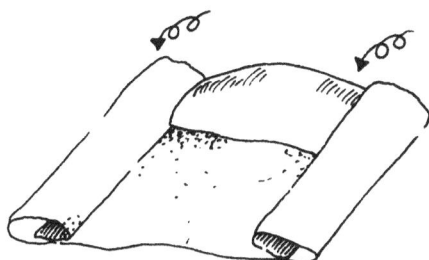

se pliegan los lados de masa
hacia el interior y se extiende
clara de huevo por encima

se acaba de enrollar el rollito

Existen **raviolis** de todo tipo, que difieren según la manera de cerrarlos.

Los más comunes son los *hsiao-mai*, cuya masa se estira bien fina y se corta en discos de unos 8 cm de diámetro. Se coloca en el centro una cucharada de relleno y se cierran como un paquete, procurando que el relleno quede bien centrado.

Otros, como por ejemplo los *chao-tzu* o los *pao-tzu*, están hechos con una masa distinta, parecida a nuestra masa de pan. La masa se extiende fina, el relleno se coloca en el centro y, a continuación, se recubre por completo con la masa, como si se envolviese un paquete.

A los chinos les gusta cerrar los raviolis de todo tipo de formas diferentes; es lo que ocurre, por ejemplo, con los grandes raviolis que se hacen apoyando la masa en la palma de la mano y cerrándolos con una presión de los dedos, formando numerosos pliegues.

Lección VIII

Saber identificar los ingredientes

Abalone: molusco bastante grande, de forma alargada, que se puede comprar en conserva.

Aceite de sésamo: se obtiene de las semillas de sésamo y su sabor se parece al del aceite de nuez; se utiliza en pequeñas cantidades.

Agar-agar: espesante obtenido del alga marina del mismo nombre, que se utiliza para las gelatinas y para aclarar los vinos.

Alga kombu: clase de alga de sabor muy intenso; se compra seca.

Alga wakame: alga de sabor delicado que se compra seca y se sumerge en agua antes de utilizarla.

Alubias de soja: rojas y verdes, también se les llama *azukis*; se remojan en agua durante dos horas y luego se hierven.

Anís picante: uno de los ingredientes de las «cinco especias». Es una baya que se seca y, a continuación, se muele; es muy picante.

Azukis: véase *alubias de soja*.

Berro chino: es parecido al berro silvestre y tiene hojas redondeadas y carnosas.

Brotes de bambú: brotes tiernos de la planta; suelen venderse en conserva y se comen crudos o en ensalada, cortados en trozos menudos.

Brotes de soja: finos tallos blancos que nacen de las alubias de soja; son nutritivos y ricos en vitaminas; se compran frescos y se conservan varios días en la nevera.

Carambola: es una fruta pentagonal, jugosa y perfumada; se utiliza en las decoraciones, cortada en rodajas para formar una estrella.

Castaña de agua: tubérculo que crece en el sur de China; se compra en conserva.

Cinco especias: mezcla de especias utilizada para aromatizar las carnes y, a veces, las frituras. El principal ingrediente es el anís estrellado.

Col china: es de forma alargada y de color blanco, y puede sustituirse por col rizada.

Cu kieu: escalonias en vinagre; se pueden encontrar en conserva.

Daikon: rábano blanco gigante, de unos 40 cm de largo, de sabor delicado; suele comerse crudo, cortado en rodajas.

Dientes de dragón: se obtienen cortando los nidos de golondrina en trozos pequeños; se venden en conserva.

Fideos de arroz: son similares a los tallarines de arroz, pero más finos; se compran en ovillos y se cuecen como los tallarines.

Fideos de soja: se compran en ovillos secos y transparentes; se remojan en agua tibia durante cinco minutos aproximadamente antes de utilizarlos.

Flores de lis: pétalos secos de una liliácea; su color es nacarado.

Hojas de arroz: tortitas muy finas a base de harina de arroz. Se humedecen antes de utilizarlas para hacer rollitos. También se encuentra una variedad dulce que se asa a la parrilla.

Jengibre: tubérculo cuyo aspecto recuerda el de la aguaturma; la carne es blanco marfil y muy picante. Se puede utilizar fresco o seco, molido, y en este caso en cantidades muy pequeñas.

Kumquat: mandarina china; esta delicada fruta se come con su piel.

Lichi: fruta de pulpa blanda y delicada, procedente de la parte meridional de China. Los lichis se pueden comprar en conserva.

Longano: fruto redondo, también llamado ojo de dragón, de color marrón, consistencia tierna y sabor delicado; se utiliza en las ensaladas de fruta. También se pueden comprar longanos en almíbar. En China, se acostumbran a comer en la fiesta del Boyero y la Tejedora, que cae el séptimo día de la séptima luna (fiesta del doble siete).

Maitai: licor de arroz glutinoso fermentado, que presenta unos 45°, a veces aromatizado con flores.

Medusa: se vende en hojas, que se remojan en agua tibia durante media hora aproximadamente; a continuación, se escurren y se sumergen en agua hirviendo para que queden crujientes. Se utilizan en rodajas, en las ensaladas.

Nidos de golondrina: tienen forma de copas y se conservan enlatados. Son fabricados por un pájaro muy parecido a la golondrina, la salangana, que anida en los acantilados sobre el mar y que mezcla su saliva con un alga marina para construir su nido.

Nuoc-mam: condimento obtenido por maceración de pescado en salmuera.

Ostras chinas secas: de color marrón rojizo, su sabor es intenso y agradable; se utilizan en las sopas y los platos de verdura.

Ova: alga marina, o de agua salobre, también llamada lechuga de mar, cuyo tallo consta de dos capas.

Sake: alcohol obtenido del arroz fermentado; se encuentra una variedad dulce, con un grado de alcohol más bajo. Es más fácil de encontrar en el mercado que el maitai.

Salsa de habas negras: desprende un intenso olor a pescado, pero se fabrica con pequeñas habas negras aplastadas y fermentadas.

Salsa de habas rojas: presenta una consistencia media, está muy difundida en China y se puede comprar preparada.

Salsa hoi sin: salsa roja hecha con alubias de soja, ajo y especias; se utiliza para los platos a base de cerdo y como condimento; se conserva embotellada.

Salsa de ostras: es de color marrón grisáceo y se compra ya preparada, en frasco.

Salsa de soja: se obtiene mediante la fermentación de granos de soja cocidos al vapor y mezclados con malta y agua.

Semillas de sésamo: su sabor es similar al de las nueces; se utilizan para fabricar el aceite del mismo nombre.

Setas: reciben el sobrenombre de «orejas de gato» y son de color oscuro, casi negras. Se venden secas y se ponen en remojo en agua media hora antes de cocinarlas. También se pueden comer crudas, en ensalada.

Tallarines de arroz: son parecidos a los de trigo, aunque son más blancos, pues están hechos con harina de arroz. Se cuecen en agua hirviendo durante un cuarto de hora.

Tofu: es un queso de soja de forma rectangular, de pasta blanca y blanda. Contiene aminoácidos de vegetales y muchas proteínas, y resulta muy nutritivo. Se puede conservar en la nevera durante tres o cuatro días, sumergido en un poco de agua.

Vinagre de arroz: se produce mediante la fermentación del vino de arroz. Existe una variedad roja, delicada y casi dulce, que puede sustituirse por un vinagre de vino tinto, y otra negra, u oscura, cuyo aroma también es ligero y que puede sustituirse por un vinagre de malta.

Recetas

Todas las recetas se dan para cuatro personas, salvo indicación contraria.
Tal vez los más glotones encuentren las proporciones un tanto escasas, pero hay que recordar que la gastronomía china es una cocina de degustación.
Es conveniente presentar varios platos en la mesa combinando y equilibrando gustos y sabores.
Aconsejamos intentar al menos dos recetas nuevas cada semana, lo que permitirá ejercitarse rápidamente.
Recordemos, por otra parte, que, si se utiliza un horno microondas, siempre hay que cubrir el recipiente con una tapa o una hoja de film transparente perforado para permitir la evacuación del vapor.

ABALONES SALTEADOS

300 g de abalones en rodajas
1 pechuga de pollo en rodajas
30 sombreros de setas aromáticas
6 cucharadas de salsa de ostras
6 cucharadas de salsa de soja
1 cebolla
1 diente de ajo
2 vasos de caldo de gallina
fécula
unas hebras de cebollino
1 cucharada de aceite de soja

calorías por persona:	200 aprox.
preparación:	5 min
tiempo de cocción:	45 min
dificultad:	ninguna

• Se remojan las setas en agua tibia durante 10 minutos.
• Se ablandan en el aceite la cebolla y el ajo picados, se añade el pollo y, en cuanto esté un poco hecho, las setas, los abalones, la salsa de ostras y la de soja.
• Se cubre con el caldo, se lleva a ebullición y se cuece a fuego vivo durante unos minutos.
• Se diluye un poco de fécula en una cucharada de agua y se añade a la preparación, mezclando para amalgamar la fécula con la salsa.
• Se añade el cebollino picado, se apaga el fuego y se sirve en seguida.

Para la cocción en horno microondas
• Se colocan todos los ingredientes, salvo el cebollino, en una fuente y se cubre.
• Se cuece a la máxima intensidad durante 3 o 4 minutos.
• Se añade el cebollino y se sirve.

ABALONES SALTEADOS CON SALSA DE OSTRAS

300 g de abalones en conserva	
20 g de jamón picado fino	
200 g de caldo de gallina	
3 cucharadas de salsa de ostras	
1 cebolla pequeña picada fina	
2 láminas de raíz de jengibre fresco picadas	
2 cucharadas de aceite de soja	
1 cucharadita de azúcar	
1 lechuga	
1 cucharada de almidón de maíz	
pimienta blanca	

calorías por persona: 130 aprox.
preparación: 5 min
tiempo de cocción: 8 min
dificultad: media

• Se escurren los abalones y se cortan en rodajas finas.
• Se saltean en el aceite la cebolla y el jengibre durante 30 segundos a fuego muy vivo, se añaden las rodajas de abalones y se cuecen durante un minuto.
• Se añaden el caldo de gallina, el azúcar y la salsa de ostras, se llevan a ebullición y se cuecen durante 5 minutos.
• Se escurren las rodajas de abalones y se disponen en el centro de una fuente.
• Se lava la lechuga, se deshoja y se cuecen las hojas durante unos segundos en la salsa, tapando la cazuela.
• Se retiran las hojas de la cazuela y se disponen en la fuente alrededor de las rodajas de abalones.
• Se disuelve el almidón de maíz en un poco de agua fría, se añade a la salsa y se deja espesar removiendo a fuego lento.
• Se echa la salsa sobre los abalones junto con la lechuga, se añade pimienta, se decora con el jamón y se sirve en seguida.

LOMO DE CERDO EN SALSA DE SÉSAMO

1 kg de cerdo
5 dientes de ajo
2 claras de huevo
1 cucharadita de mostaza molida
2 cucharadas de sake
1 cucharadita de azúcar
1 cucharada de salsa de soja
3 cucharadas de salsa de sésamo
2 cucharadas de salsa de tomate
1 cucharada de aceite de sésamo
1 cucharadita de fécula o maicena
curry molido
2 cucharadas de aceite de soja
1 chorrito de vinagre
sal

calorías por persona: 240 aprox.
preparación: 5 min
tiempo de cocción: 15-20 min
dificultad: ninguna

- Se corta el cerdo primero a lo largo y luego a lo ancho, en dados.
- En un cuenco se mezclan la fécula, el sake, una pizca de sal y las claras de huevo; y en otro, la salsa de sésamo, la de tomate, la de soja, el curry, la mostaza, el azúcar, el aceite de sésamo y el vinagre.
- Se pasa el cerdo por la mezcla del primer cuenco y luego se fríe en el aceite de soja bien caliente. A continuación, se baja el fuego, se tapa y se cuece durante un cuarto de hora.
- Se escurre el lomo de cerdo y se dispone en una fuente.
- En el aceite de cocción, se ablandan los dientes de ajo. Luego se vierte el contenido del segundo cuenco, se mezcla y se cuece durante 1 minuto más.
- Se vierte la salsa sobre el lomo y se sirve en seguida.

ALETAS DE TIBURÓN CON JAMÓN

200 g de aletas de tiburón secas
100 g de jamón serrano
1/2 l de caldo de gallina
1/2 vaso de sake
2 cebolletas grandes
unas láminas de raíz de jengibre

calorías por persona:	120 aprox.
preparación:	2 min
tiempo de cocción:	70 min
dificultad:	ninguna

• Se hierven las aletas de tiburón durante 10 minutos, se escurren y se disponen en el fondo de una cazuela de barro.

• Se cubren con las cebolletas en rodajas, el jengibre y el jamón cortado en cubos; se moja con el sake.

• Se vierte un vaso de agua, se tapa y se cuece al vapor durante una hora aproximadamente.

• Una vez terminada la cocción, se vierte en la cazuela el caldo de gallina hirviendo, se mezcla de nuevo y se sirve en cuencos individuales.

ALAS DE POLLO PICANTES

12 alas de pollo
3 cucharadas de sake
2 badianas (anís estrellado)
2 palitos de canela
2 cucharadas de salsa de soja
1 cucharadita de azúcar
sal

calorías por persona:	200 aprox.
preparación:	5 min
tiempo de cocción:	60 min
dificultad:	mínima

• Se ponen las alas de pollo en una olla, se mojan con el sake y se cuecen hasta que este se evapore por completo.

• Se vierten unos 25 cl de agua, se tapa y se cuece a fuego medio durante 10 minutos aproximadamente; luego se añaden el anís estrellado y la canela, la salsa de soja, el azúcar y, por último, la sal.

• Se tapa la olla y se cuece durante media hora más, añadiendo un poco de agua si hace falta.

• Cuando las alas estén tiernas, se colocan en una fuente y se sirven.

Para la cocción en horno microondas

• Se ponen las alas de pollo con los demás ingredientes en un recipiente adecuado y se tapa.

• Se cuece a la máxima intensidad durante 18 o 20 minutos.

ANGUILA SALTEADA

1 anguila grande
3 cucharadas de salsa de soja
3 cucharadas de sake
1 cucharadita de azúcar
2 cucharadas de aceite de soja
1 diente de ajo picado
pimienta

calorías por persona: 250 aprox.
preparación: 3 min
tiempo de cocción: 4 min
dificultad: ninguna

• Se limpia la anguila y se corta en cubos de 3 o 4 cm de lado. Se abre cada cubo por el centro y se seca cuidadosamente.
• Se calienta el aceite en una sartén, se echan los cubos de anguila y se cuecen a fuego muy vivo durante 2 minutos aproximadamente.
• Se retira el aceite de la sartén y se vierten en ella el sake, la salsa de soja, el azúcar y el ajo. Siempre a fuego vivo, se mezcla bien durante 1 minuto más.
• Se echa el guiso en una fuente y se espolvorea con pimienta molida al gusto en el momento de servir.

BERENJENAS SALTEADAS

3 berenjenas
1 cebolla picada
1 trozo de jengibre picado
3 cucharadas de salsa de soja
1 cucharada de aceite de sésamo
sal

calorías por persona: 100 aprox.
preparación: 4 min
tiempo de cocción: 5 min
dificultad: ninguna

• Se cortan las berenjenas en dados.
• Se saltea la cebolla en el aceite, se añaden las berenjenas troceadas y se cuecen hasta que estén tiernas.
• Se sala, se añade el jengibre y la salsa de soja y se sirve.

PLÁTANOS AL CARAMELO

4 plátanos
8 cucharadas de azúcar
canela
sake

calorías por persona: 200 aprox.
preparación: 5 min
tiempo de cocción: 5 min
dificultad: media

• Se prepara un caramelo con un poco de agua y el azúcar.

• Se sumergen en él los plátanos pelados y se cuecen 5 minutos a fuego lento, dándoles vueltas con delicadeza.

• Se espolvorean los plátanos con canela en polvo y se flamean con el sake antes de servir.

ACELGAS SALTEADAS

700 g de acelgas
2 cucharadas de aceite de sésamo
1 vaso de caldo de gallina
1 cucharada de fécula
1/2 cucharada de azúcar
sal

calorías por persona: 100 aprox.
preparación: 5 min
tiempo de cocción: 7 min
dificultad: ninguna

• Se limpian y lavan las acelgas.

• Se lleva a ebullición el caldo de gallina y se sumergen en él las acelgas, que luego se escurren de inmediato.

• Se calienta el aceite en una sartén, se echan las acelgas y se cuecen durante 5 minutos removiendo; luego se añaden la sal y el azúcar.

• Se disuelve la fécula en el caldo frío y se vierte sobre las verduras, se sube el fuego al máximo, se deja que espese, se mezcla y se sirve en seguida.

TERNERA BRASEADA PICANTE

500 g de jarrete de ternera
1 cebolla
6 láminas de raíz de jengibre
3 dientes de ajo
1/2 mandarina fresca
2 bayas enteras de anís estrellado
1 cucharada de aceite de soja
1 cucharadita de pimienta en grano
1 cucharadita de pimienta negra molida
2 cucharadas de sake
2 cucharadas de salsa de soja
2 cucharadas de salsa hoi sin

calorías por persona: 200 aprox.
preparación: 10 min
tiempo de cocción: 3 h 30 min
dificultad: ninguna

• Se corta la carne en cubos de 5 cm de lado.
• Se pone la carne en una olla con la cebolla cortada en cuatro, las láminas de raíz de jengibre, dos dientes de ajo pelados, la piel de mandarina y el anís estrellado.
• Se cubre con agua y se lleva a ebullición; se espuma, se tapa y se cuece dos horas y media a fuego lento.
• Se pica un diente de ajo y se fríe en el wok con la pimienta en grano, la pimienta molida y el aceite durante 1 minuto. A continuación, se añaden el sake, la salsa de soja y la salsa hoi sin, y se cuece removiendo durante dos minutos.
• Se echa este preparado en la olla de la carne, se vuelve a llevar a ebullición y se espuma de nuevo; luego se tapa y se cuece a fuego lento durante una hora aproximadamente.
• Se retiran la piel de mandarina y el anís, y se sirve la carne con arroz blanco.

TERNERA SALTEADA CON APIO

400 g de lomo de ternera
5 ramas de apio blanco
2 dientes de ajo
2 cucharadas de salsa de soja
1 cucharadita de azúcar
1 cucharada de sake
1 cucharada de fécula
4 cucharadas de aceite de soja
sal

calorías por persona: 160 aprox.
preparación: 5 min
tiempo de cocción: 2 min
dificultad: ninguna

• Se corta la carne en tiras y luego se mezcla con los dientes de ajo picados, el azúcar, la salsa de soja, el sake y la fécula.
• Se calienta un poco de aceite en una sartén y se saltean las ramas de apio cortadas en tiras con un poco de sal durante 30 segundos.
• Se retira el apio de la sartén, se añade el resto del aceite, se calienta y, removiendo, se dora la carne durante 30 segundos a fuego vivo.
• Se devuelve el apio a la sartén, se cuece durante unos segundos más y se sirve.

BOCADITOS DE CHAMPIÑONES

20 champiñones medianos
10 gambas rosadas grandes
2 huevos
3 ramas de cilantro
4 hojas de arroz
sal y pimienta

calorías por persona: 170 aprox.
preparación: 15 min
tiempo de cocción: 25 min
dificultad: media

• Se lavan los champiñones y luego se corta la parte arenosa. Se cuecen al vapor (5 minutos en la olla a presión).
• A continuación, se desprenden los pies de los sombreros.
• Se pican gruesos los pies de champiñón, las gambas y el cilantro. Se baten los huevos y se incorporan al relleno. Se salpimienta.
• Se rellenan con este preparado los sombreros de champiñón. Se envuelven de una en una en hojas de arroz (previamente remojadas en agua fría y cortadas por la mitad).
• Se forman unas bolsitas bien cerradas, que se cuecen al vapor 20 minutos.
• Se sirven con una salsa de guindilla.

CALDO CON ALBÓNDIGAS DE GAMBAS

PARA 8 PERSONAS
500 g de gambas limpias
200 g de carne de cerdo picada
1 cebolla tierna
1 o 2 claras de huevo
1,5 l de caldo de gallina o de vaca
2 cucharadas de harina blanca
sal

calorías por persona: 150 aprox.
preparación: 10 min
tiempo de cocción: 5 min
dificultad: media

• Se pasan por la batidora americana las gambas peladas con la carne hasta obtener una mezcla homogénea.
• Se añaden la clara de huevo, sal, la harina y la cebolla tierna picada fina. Se forman unas albóndigas con este preparado.
• Se lleva el caldo a ebullición y se sumergen en él las albóndigas. Estarán cocidas cuando asciendan a la superficie.
• Se sirve caliente.

ALBÓNDIGAS CRUJIENTES CON SOJA

400 g de carne de cangrejo de mar
100 g de carne de gamba
60 g de jamón de York picado
2 cucharadas de sake
2 láminas de raíz de jengibre picadas
1 clara de huevo
1 cebolla tierna picada
1 cucharada de salsa de soja
1 cucharadita de azúcar
1 cucharada de maicena
1 lechuga
aceite para freír

calorías por persona: 200 aprox.
preparación: 10 min
tiempo de cocción: 4-5 min
dificultad: media

• Se pasa por la batidora americana la carne de cangrejo con la de las gambas y el jamón hasta obtener una mezcla homogénea.

• Se añaden la clara de huevo, la cebolla tierna, la salsa de soja, el azúcar, el sake, el jengibre y unos 8 cl de agua y se vuelve a batir. Se añade la maicena y se mezcla bien.

• Se calienta una gran cantidad de aceite en el wok, se baja el fuego y se fríen siete u ocho albóndigas a la vez, del tamaño de una nuez pequeña, a las que se habrá dado una forma perfectamente redonda.

• Se escurren las albóndigas en cuanto estén doradas y se secan sobre papel absorbente de cocina; luego se reservan calientes.

• Se recubre una fuente con hojas de lechuga, se disponen las albóndigas encima y se sirve.

ALBÓNDIGAS DE CANGREJOS FRITOS

500 g de cangrejos de río fritos
1 pizca de bicarbonato
1 diente de ajo
1 clara de huevo
1 cucharada de salsa de soja
1 cucharada de jengibre molido
1 pizca de sal
1 loncha de panceta cortada en tiras
aceite para freír

calorías por persona: 180 aprox.
preparación: 8 min
tiempo de cocción: 4 min
dificultad: media

• Se mezclan todos los ingredientes hasta obtener una mezcla homogénea.

• Se forman albóndigas del tamaño de un huevo, ligeramente aplanadas.

• Se fríen las albóndigas en aceite bien caliente y se sirven en seguida.

ALBÓNDIGAS DE TERNERA AL VAPOR

Ingredientes
400 g de brécol
300 g de carne de ternera picada
1 cucharada de salsa de soja
1 cucharadita de sake
1 cucharadita de sal
pimienta
1 cucharadita de aceite de sésamo
1 diente de ajo picado
1 cucharada de harina

calorías por persona: 220 aprox.
preparación: 10 min
tiempo de cocción: 20 min
dificultad: media

• Se limpia y se lava el brécol, se cuece durante 5 minutos en agua hirviendo y se escurre.
• Se mezcla la carne con la salsa de soja, el sake, la sal, la pimienta, el aceite de sésamo, el ajo y la harina.
• Se añade la mitad del brécol picado y se mezcla. Con las manos ligeramente engrasadas, se forman unas albóndigas.
• Se coloca la otra mitad del brécol en una fuente formando una corona, con las albóndigas en el centro.
• Se cuece todo al vapor durante 15 minutos y se sirve bien caliente con salsa de soja.

ALBÓNDIGAS DE CACAHUETES CON COMPOTA DE JUDÍAS

Para 10 personas
500 g de cacahuetes pelados
350 g de azúcar
3 cucharadas de compota de judías rojas*

calorías por persona: 250 aprox.
preparación: 10 min
tiempo de cocción: 10 min
dificultad: media

* véase receta en la pág. 48

• Se retira la pielecilla de los cacahuetes y se cuecen rápidamente en agua hirviendo hasta que estén tiernos.
• Se disuelven 300 g de azúcar en un poco de agua y se cuece el almíbar a fuego lento hasta que espese un poco; a continuación, se añaden los cacahuetes picados y la compota.
• Se mezcla de nuevo hasta obtener una mezcla homogénea y se deja enfriar.
• Se forman unas albóndigas del tamaño de una nuez, se pasan por el resto del azúcar y se sirven.

ALBÓNDIGAS DE CERDO ASADAS

500 g de carne magra de cerdo

2 cucharadas de maicena

500 g de col china

3 cucharadas de aceite de soja

1 l de caldo de gallina

200 g de arroz hervido

2 cucharadas de brotes de bambú

3 láminas de raíz de jengibre picadas

1 cebolla tierna picada

1 cucharadita de sal

1 cucharada de sake

1 cucharada de salsa de soja

pimienta

calorías por persona: 220 aprox.

preparación: 10 min

tiempo de cocción: 15 min

dificultad: media

• Se mezcla la carne de cerdo con la cebolla tierna, el bambú, el jengibre, la pimienta, el sake, la salsa de soja, la maicena y la mitad de la sal, hasta que la mezcla resulte perfectamente homogénea, y luego se forman con las manos húmedas cuatro albóndigas grandes.

• Se limpia la col china, separando las hojas de los tallos.

• Se fríen en el aceite estos últimos en el wok durante 3 minutos, se añaden las hojas, se mezcla y se fríe de nuevo rápidamente.

• Se dispone la mitad de la col en una cazuela de barro, se ponen las albóndigas por encima y se recubre con el resto de la col.

• Se vierte el caldo caliente y se sala; se tapa y se cuece a fuego muy lento durante unos 10 minutos, hasta que las albóndigas y la col estén muy tiernas.

• Se sirve en el recipiente de cocción con arroz blanco.

ALBÓNDIGAS DE POLLO EN SALSA

500 g de pechuga de pollo
2 claras de huevo
1 huevo
3 cucharadas de sake
2 cucharadas de salsa de soja
2 láminas de raíz de jengibre fresco picadas fino
2 cucharadas de azúcar
1 cucharadita de sal

PARA LA SALSA

1/2 l de caldo vegetal
1/2 vaso de sake
3 cucharadas de salsa de soja
2 cucharadas de maicena

calorías por persona: 200 aprox.
preparación: 15 min
tiempo de cocción: 8 min
dificultad: media

• Se cortan en trozos grandes las pechugas de pollo y se pasan por la batidora americana.
• Se incorporan las claras de huevo, el huevo, el sake, la salsa de soja, el jengibre, el azúcar y la sal.
• Se mezcla bien para obtener una amalgama perfecta; se añaden tres cucharadas de agua muy fría y se vuelve a accionar el aparato para que la mezcla resulte más ligera.
• Se hierve agua suavemente en una cazuela y se echan las albóndigas formadas con la mezcla cociéndolas 5 minutos.
• Se escurren.
• Se mezcla el caldo vegetal, el sake y la salsa de soja, y se lleva todo a ebullición.
• Se disuelve la maicena en un poco de agua fría y se añade a la salsa removiendo de nuevo.
• Se cuece mezclando durante unos minutos, se vierte sobre las albóndigas y se sirve.

ALBÓNDIGAS DE ARROZ RELLENAS DE JUDÍAS AZUKIS

250 g de arroz glutinoso
60 g de azúcar
200 g de judías azukis cocidas y picadas
12 hojas de vid
1 pizca de sal

calorías por persona: 320 aprox.

preparación: 10 min

tiempo de cocción: 1 h

dificultad: media

• Se aclara bien el arroz bajo el agua del grifo y se cuece al vapor durante 45 minutos, bañándolo cuatro veces con un poco de agua caliente para mantenerlo húmedo.

• Se echa el arroz en un cuenco y se añaden el azúcar y la sal, removiendo con una cuchara de madera para aplastarlo un poco.

• Con la pasta de judías azukis picadas se forman bolas del tamaño de una nuez.

• Se extiende el arroz aún caliente en una fuente y se pasan por encima las albóndigas de judías azukis para que queden bien recubiertas.

• Se coge cada albóndiga con la mano mojada, se le da una forma regular y luego se envuelve en una hoja de vid limpia y seca.

• Se disponen las albóndigas alineadas en una fuente y se cuecen 12 minutos al vapor.

• Se sirven a temperatura ambiente.

CALAMARES RELLENOS

800 g de calamares pequeños
100 g de carne picada de ternera
80 g de col picada
80 g de brotes de soja
2 cucharadas de cebolla tierna picada
1 diente de ajo majado
2 setas negras secas
1 cucharada de salsa de soja
aceite para freír
sal y pimienta

calorías por persona: 180 aprox.

preparación: 10 min

tiempo de cocción: 15 min

dificultad: ninguna

• Se limpian los calamares, se lavan y se pelan.

• Se les quitan los tentáculos y se pican.

• En un poco de aceite se saltean los tentáculos con la carne de ternera, la col, los brotes de soja, la cebolla tierna y el ajo.

• Se remojan las setas en agua, se escurren, se quitan los sombreros y se pican finas; se añaden a la mezcla.

• Se remueve durante un minuto y se incorporan a la mezcla la salsa de soja, la sal y la pimienta.

• Se rellenan los calamares con la mezcla preparada y se cierra la abertura con un palillo.

• Se disponen los calamares en una fuente de Pyrex y se cuecen al vapor durante 10 minutos. A continuación, se fríen en aceite bien caliente hasta que queden dorados.

CALAMARES A LA PARRILLA CON SEMILLAS DE SÉSAMO

4 calamares
100 g de vino de arroz
3 cucharadas de salsa de soja
1 rodaja de jengibre fresco
semillas de sésamo
sal

PARA LA GUARNICIÓN
pepinillos y limón

calorías por persona: 160 aprox.
preparación: 35 min
tiempo de cocción: 8 min
dificultad: ninguna

- Se limpian los calamares.
- Se lavan y se aclaran.
- Se abren los calamares por un lado y se practican unas incisiones cruzadas en toda la superficie interna con un cuchillo afilado.
- Se calienta el vino de arroz sin llevarlo a ebullición, y se añaden a continuación la salsa de soja y el jengibre.
- Se ponen a marinar los calamares en este líquido durante 30 minutos, dándoles la vuelta una vez.
- Se clavan dos o tres palillos a lo largo de cada calamar para que se mantengan planos durante la cocción.
- Se asan los calamares en una parrilla bien caliente, 2 minutos por cada lado. Se cortan en rodajas, se espolvorean con semillas de sésamo y se sirven decorando la fuente con pepinillos cortados en abanicos y cuartos de limón.

PATO CON ANÍS ESTRELLADO

1 pato
2 cebolletas
6 láminas de raíz de jengibre
2 cucharadas de sal
2 cucharadas de sake
8 badianas (anís estrellado)
1 cucharadita de anís
2 cucharadas de salsa de soja
cilantro
aceite vegetal para freír

calorías por persona: 200 aprox.
preparación: 15 min
tiempo de cocción: 2 h aprox.
dificultad: media

- Se limpia el pato y se corta en 8 trozos; se restriegan bien con sal.
- Se pone la mitad del pato en una cazuela de barro, colocando por encima las cebolletas cortadas en rodajas, el jengibre, las badianas y el anís; se superponen los demás trozos de pato y se cuece al vapor durante 2 horas.
- Se saca el pato y se deja enfriar.
- Se calienta medio vaso de aceite en una sartén y se fríen los trozos de pato a fuego vivo durante 3 minutos, hasta que se tuesten.
- Se saca el pato de la sartén con una espumadera y se escurre en papel de cocina. Se unta con sake previamente mezclado con salsa de soja.
- Se corta el pato en trocitos, que se espolvorean con cilantro y se sirven.

PATO LACADO A LA PEQUINESA

1 pato grande
2 cucharadas de salsa de soja
3 cucharadas de miel

PARA EL CALDO
hojas de col china
1 cucharada de sal
pimienta negra
fideos de arroz

calorías por persona: 230 aprox.
preparación: 30 min (24 h antes de la cocción)
tiempo de cocción: 1 h 30 min
dificultad: mucha

• Se limpia el pato, se le quitan las plumas, las vísceras, la cabeza y las patas, y se reserva el hígado.

• Se lleva a ebullición una gran cantidad de agua.

• Se cierra el pato cosiendo la abertura inferior y luego, introduciendo una pajita en el cuello, se infla hasta que la piel se tense. Se cierra también ese extremo, se coloca el pato en el fregadero y se vierte el agua hirviendo por encima, rociando todo el animal para que se caiga la piel.

• Se seca bien el pato con papel de cocina y se cuelga por el cuello con un cordel en un lugar ventilado.

• Se prepara una mezcla de salsa de soja y miel y, 3 o 4 horas antes de la cocción, se extiende varias veces seguidas sobre el pato.

• Se precalienta el horno a 200 °C. Se mete el pato en el horno disponiéndolo sobre una rejilla, con el vientre hacia arriba, y se cuece durante una hora y media, sin abrir en ningún momento la puerta del horno.

• Una vez transcurrido este tiempo, se comprueba que la piel, bien oscura, tenga el aspecto de la laca, y se cuece unos diez minutos más si es necesario.

• Se sirve el pato de inmediato, acompañado de unas tortitas calientes (véase la receta en la pág. 50), cebollitas, pepinillos y pasta de soja. Se trincha en la mesa en presencia de los invitados y se sirve la piel en primer lugar.

• Con el esqueleto del pato, se prepara un caldo que se servirá al final de la comida. Para ello, se lleva a ebullición un litro de agua aproximadamente con unas hojas de col china cortadas en pedazos y una cucharada de sal; se añaden la carcasa y los pequeños trozos de carne que hayan podido quedar.

• Se hierve durante 15 minutos y luego se añaden un puñado de pimienta negra y otro de fideos de arroz; se cuece durante 3 minutos más y se sirve muy caliente al final de la comida.

CARPA AGRIDULCE

1 carpa de unos 800 g
300 g de gambas peladas
1 tomate
3 cucharadas de salsa de tomate
3 cucharadas de sake
2 cucharadas de salsa de soja
1 cucharadita de sal
1 cucharadita de azúcar
1 cucharadita de vinagre
1/2 vaso de caldo de gallina
1 cucharada de aceite de soja
1 cucharada de fécula de patata
sal y pimienta

calorías por persona: 180 aprox.
preparación: 5 min
tiempo de cocción: 8 min
dificultad: ninguna

• Se limpia la carpa y se retira la cola; se lava y se seca.
• Se practican unas incisiones a ambos lados, se salpimienta y se pasa el pescado por la fécula.
• Se fríe la carpa en una sartén con el aceite de soja durante 5 minutos a fuego vivo.
• Cuando la carpa está dorada, se retira de la sartén.
• En un recipiente se mezclan el caldo de gallina, la salsa de soja, el azúcar, la sal, el vinagre, el sake y la salsa de tomate.
• Se sumergen las gambas en la salsa, se retiran y luego se saltean a fuego vivo, en el mismo aceite que la carpa, antes de añadir el tomate cortado en dados pequeños.
• Se añade también la salsa y se mezcla de nuevo.
• Se vuelve a incorporar la carpa y se cuece a fuego vivo 30 segundos por cada lado. Se sirve.

SETAS CON TOFU

400 g de tofu
200 g de caldo de gallina
8 setas negras secas grandes remojadas en agua
2 cebolletas
2 cucharadas de aceite de sésamo
1 cucharada de jengibre picado fino
2 cucharaditas de sake
2 cucharaditas de salsa de soja
1,5 cucharada de salsa de ostras
1 cucharadita de azúcar
2 cucharaditas de maicena

calorías por persona: 120 aprox.
preparación: 15 min
tiempo de cocción: 15 min aprox.
dificultad: media

• Se corta el tofu en dados de 2,5 cm de lado y se recubren con agua hirviendo. Se escurren al cabo de 20 minutos.
• Se retiran los pies de las setas y se cuecen los sombreros al vapor durante 10 minutos.
• Se cortan las cebolletas primero a lo largo y luego en trozos de 5 cm. En el wok, se fríen en el aceite junto con el jengibre durante menos de un minuto, se reservan y, removiendo de nuevo, se saltean las setas.
• Se mezcla el caldo con el sake y la salsa de soja, y se vierte en el wok.
• Se lleva a ebullición, se añade el tofu y se cuece a fuego lento durante 3 o 4 minutos.
• Se disuelve la maicena en la salsa de ostras, junto con el azúcar y un poco de agua fría, se vierte en el wok y se mezcla con delicadeza para no estropear el tofu.
• Se cuece durante 2 minutos y se sirve.

CHAO-TZU

200 g de harina
12,5 cl de agua
1 cucharadita de aceite de sésamo

PARA EL RELLENO

200 g de carne de cerdo picada
220 g de col china
1 puerro
1 cucharada de salsa de soja
1/2 cucharadita de sal
pimienta negra

PARA LA SALSA

6 cucharadas de vinagre blanco de arroz
2 cucharadas de salsa de soja
1/2 cucharadita de guindilla roja molida

calorías por persona: 250 aprox.
preparación: 1 h 30 min
tiempo de cocción: 20 min
dificultad: mucha

• Se tamiza la harina en un recipiente y se añaden poco a poco el aceite de sésamo y el agua; se mezcla con una cuchara de madera y luego se trabaja la masa con las manos hasta que quede compacta y homogénea; se cubre con un paño húmedo y se deja reposar durante media hora.

• Mientras tanto, se prepara el relleno. Para ello, se limpia, se lava y se pica la col china; se envuelve en un paño para eliminar el agua.

• Se añaden a la carne el puerro picado, la col, la salsa de soja, la sal y la pimienta.

• Se mezclan bien todos los ingredientes y se deja reposar el relleno en la nevera.

• Se preparan los raviolis: se trabaja un poco más la masa, se forma un largo cilindro de 3 cm de diámetro y se corta en rodajas.

• Se extienden las rodajas y se forman discos de 9 cm de diámetro con un molde redondo; se disponen los discos preparados sobre papel para uso alimentario.

• Se coge un disco, se deposita un poco de relleno y se cierran bien los bordes hacia arriba.

• Se unta con un poco de aceite una cesta de cocción al vapor y se colocan los raviolis en el interior, untándolos con un poco de aceite para que no se peguen durante la cocción.

• Se cuecen al vapor durante 20 minutos y se sirven calientes, con la salsa preparada mezclando el vinagre, la salsa de soja y la guindilla.

CHOP SUEY DE VERDURAS
CON CARNE DE TERNERA

2 zanahorias
2 nabos
1 tallo de brécol
1 col china
2 puerros
300 g de brotes de soja frescos
2 tomates
2 setas negras secas
3 redondos de ternera (350 g en total)
2 cucharadas de cacahuetes machacados
2 cucharadas de aceite
1 cucharadita de maicena
1 cucharada de salsa de soja
2 cucharadas de nuoc mam
2 cucharadas de azúcar molida
1 cucharada de vinagre de vino
pimienta

calorías por persona: 180 aprox.
preparación: 20 min
tiempo de cocción: 15 min
dificultad: ninguna

• Se sumergen las setas en un cuenco de agua tibia durante 20 minutos, se escurren y se cortan en láminas.

• Se cortan los tomates en cubos. Se pelan las zanahorias y los nabos. Se cortan en rodajas y luego en bastoncillos. Se cortan en rodajas la col china y los puerros. Se separan los ramitos de brécol. Se aclaran los brotes de soja.

• En una sartén o un wok, se calienta el aceite y se saltean las verduras 5 minutos removiendo.

• Se disuelve la maicena en un vaso pequeño de agua fría y se vierte sobre las verduras.

• Se deja que espese a fuego lento moviendo con delicadeza durante 5 minutos. Se espolvorea con el azúcar y se añaden el vinagre, la salsa de soja, el nuoc mam y la pimienta. Se reserva a fuego lento.

• Se corta la carne en tiras que se saltean 2 minutos en una cucharada de aceite.

• Se incorpora a las verduras, se espolvorea todo con los cacahuetes y se sirve en seguida.

COL MARINADA

1 kg de col marinada
1 cucharada de sal
1 cebolla tierna picada
2 dientes de ajo majados
1 cucharadita de guindilla molida
2 cucharaditas de jengibre picado
120 g de salsa de soja
120 g de vinagre blanco
2 cucharaditas de azúcar
aceite de sésamo

calorías por persona:	100 aprox.
preparación:	10 min
tiempo de cocción:	–
dificultad:	ninguna

• Se limpia la col, se lava y se corta en trozos grandes.
• Se pone en un cuenco, se sala y se deja reposar durante 10 minutos.
• A continuación, se escurre el líquido que se ha formado, se aplasta cada trozo con la mano para ablandarlo y se añaden todos los demás ingredientes, salvo el aceite.
• Se coloca la col preparada de esta forma en una fuente de vidrio, se cubre y se deja reposar durante al menos 24 horas antes de servirla rociada con aceite de sésamo.

COL SALTEADA

1/2 col china
1 puerro
1/2 cucharada de fécula
1 cucharada de aceite vegetal
sal

calorías por persona:	100 aprox.
preparación:	3 min
tiempo de cocción:	5 min
dificultad:	ninguna

• Se saltea en el aceite durante un minuto el puerro cortado en trozos menudos y, a continuación, se añade la col china cortada en tiras gruesas, se sala y se cuece deprisa.
• Se espolvorea la fécula sobre la verdura, se mezcla de nuevo y se sirve.

CHOW-MEIN

250 g de fideos chinos
50 g de setas frescas
250 g de lomo de cerdo cortado en tiras
100 g de col china cortada en juliana
1 diente de ajo majado
4 cebollitas nuevas picadas
50 g de zanahorias en juliana
30 g de bambú en conserva cortado en juliana
50 g de gambas limpias
6 cucharadas de aceite de soja
1 cucharadita de sal
1 cucharadita de azúcar
1 cucharada de salsa de soja
2 cucharaditas de sake
pimienta negra

calorías por persona:	360 aprox.
preparación:	10 min
tiempo de cocción:	10 min
dificultad:	media

• Se cuecen los fideos 4 minutos en una gran cantidad de agua hirviendo salada, se escurren y se pasan bajo un chorrito de agua fría para separarlos.

• En el wok, se fríen con dos cucharadas de aceite el ajo, las cebollas, la col, las zanahorias, el bambú y las gambas durante 2 minutos, se salpimienta todo y se echa en una fuente caliente.

• Se sofríe la carne con las setas durante 2 minutos y medio, y se añade la salsa de soja, el azúcar y una cucharadita de sake. Se mezcla bien y se pone todo en la fuente.

• Se vierte en el wok el resto del aceite y se saltean los fideos 2 minutos removiendo, se salpimientan, se añade la mitad de la carne y de las verduras y se cuece removiendo a fuego más lento, durante un minuto. Se colocan los fideos en una fuente honda caliente.

• Se saltea el resto de la carne y las verduras con un poco de sake durante 20 segundos, se echan muy calientes en la fuente y se sirven de inmediato.

COGOLLOS DE LECHUGA CON LICHIS

4 cogollos de lechuga
200 g de fletán en filetes
400 g de lichis
4 ramas de cilantro
1 cucharadita de aceite de sésamo
2 cucharadas de salsa de soja
pimienta

calorías por persona:	160 aprox.
preparación:	10 min
tiempo de cocción:	3 min
dificultad:	ninguna

• Se deshojan y se lavan los cogollos de lechuga. Se escurren cuidadosamente. Se preparan unos lechos de hojas de lechuga en los platos.

• Se pelan los lichis y se escaldan un minuto en agua hirviendo para deshuesarlos con mayor facilidad. Se disponen sobre la lechuga.

• Se corta el filete de fletán en tiras y se sofríen en la sartén sólo 2 o 3 minutos en el aceite de sésamo. Al final de la cocción se añade la salsa de soja, que en este caso hace las veces de sal. Se añade pimienta.

• Se ponen las tiras de pescado sobre la lechuga y se salsea con el jugo de cocción.

• Se decora con cilantro picado grueso.

COMPOTA DE ALUBIAS DE SOJA ROJAS

300 g de alubias de soja rojas secas

50 g de aceite de cacahuete

100 g de azúcar

calorías por persona: 200 aprox.

preparación: 10 min

tiempo de cocción: 1 h 5 min

dificultad: ninguna

• Se limpian las alubias, se disponen en una cazuela y se cubren con agua.
• Se tapa, se lleva a ebullición y se cuece a fuego lento durante una hora.
• Transcurrido ese tiempo, se bate hasta obtener una mezcla perfectamente homogénea.
• Se añaden el aceite de cacahuete y el azúcar.
• Se vuelve a llevar a ebullición a fuego lento y se cuece durante 5 minutos, hasta que la mezcla resulte cremosa.
• Esta compota se sirve con el pato lacado o se utiliza para rellenar las tortitas y los rollitos.

CANGREJO DE MAR AGRIDULCE

2 latas de carne de cangrejo de mar

1 cebolla grande

2 dientes de ajo

1/2 lata de cu kieu (escalonias en vinagre)

1 puñado de cilantro

pimienta

PARA LA SALSA

1 cucharada de harina

1/2 cucharada de fécula de patata

2 cucharadas de vinagre de arroz

1 cucharada de azúcar

3 cucharadas de salsa de soja

1 cucharada de aceite de soja

calorías por persona: 170 aprox.

preparación: 2 min

tiempo de cocción: 3 min

dificultad: ninguna

• Se mezclan los ingredientes de la salsa hasta obtener una mezcla homogénea.
• Se sofríen la cebolla y el ajo en rodajas en el aceite, y se añade el cangrejo, procurando no estropear su carne.
• Se añade la salsa y se cuece removiendo durante unos minutos.
• A continuación, se añade pimienta.
• Se decora con hojas de cilantro y se sirve con escalonias en vinagre *(cu kieu)*.

Para la cocción en horno microondas
• Se ponen todos los ingredientes, salvo la carne de cangrejo, en un recipiente adecuado y se tapa.
• Se cuece a la máxima intensidad durante un minuto.
• Se añade el cangrejo y se decora y se sirve como se indica más arriba.

CANGREJOS DE MAR AGRIOS Y PICANTES

4 cangrejos de mar
2 cucharadas de vinagre de arroz
1 cucharada de azúcar
1/2 vaso de agua
1 cucharadita de sal
1 cucharada de fécula
2 guindillas picadas
4 ramitas de perejil picadas
1 cucharada de sake
3 cucharadas de aceite de soja

calorías por persona:	160 aprox.
preparación:	3 min
tiempo de cocción:	6 min
dificultad:	ninguna

• Se parten los cangrejos en cuatro trozos y se limpian.

• Se saltean en el aceite durante 30 segundos, a fuego vivo, y se añaden el sake, la sal y el agua.

• Se tapa y se cuece a fuego vivo durante 4 minutos.

• En un cuenco, se mezclan el azúcar, el vinagre, la fécula, las guindillas y el perejil.

• Se baja el fuego y se añade la mezcla al cangrejo, se mezcla de nuevo y se sirve en cuanto espese la salsa.

CREMA DE COL

600 g de col china
500 g de caldo de gallina
2 cucharadas de aceite vegetal
1/2 cucharadita de jengibre fresco rallado
1 cucharadita de sake
1 cucharadita de azúcar
1 cucharadita de maicena
1 cucharadita de aceite de sésamo
pimienta blanca
1 pizca de sal

calorías por persona:	100 aprox.
preparación:	5 min
tiempo de cocción:	15 min
dificultad:	media

• Se lava la col y se corta en trozos grandes.

• En el wok, se saltea rápidamente el jengibre en el aceite, se añade la col y se cuece durante 2 minutos.

• Se añaden el sake, la sal, el azúcar y el caldo de gallina, se tapa y se lleva a ebullición. Se cuece a fuego lento.

• Se disuelve la maicena en un poco de agua fría y se vierte en el wok, mezclando para que espese.

• Se añade abundante pimienta y el aceite de sésamo. Se sirve inmediatamente.

TORTITAS PARA PATO LACADO A LA PEQUINESA

220 g de harina
12,5 cl de agua fría
aceite de sésamo

calorías por persona: 200 aprox.
preparación: 10 min
tiempo de cocción: 2 min
dificultad: media

- Se tamiza la harina en un cuenco y se forma un hueco en el centro en el que se vierte el agua.
- Se mezcla bien hasta obtener una masa homogénea y lisa, se cubre con un paño húmedo y se deja reposar durante 15 minutos en un lugar templado.
- Se le da a la masa la forma de un largo cilindro que se cortará en veinte trozos.
- Se forman dos bolas con dos trozos y se aplanan; se extiende aceite de sésamo por un lado de cada disco de masa, se unen los dos lados engrasados y, en la superficie de trabajo enharinada, se pasa el rodillo por este doble disco de masa para obtener un tortita muy fina.
- Se procede de esta forma con el resto de la masa.
- Se cuecen las tortitas en una placa o una sartén para tortitas, engrasándolas con una fina capa de aceite. Se doblan en cuatro y se conservan calientes.
- Se sirven las tortitas tibias con el pato lacado a la pequinesa.

GAMBAS CON TÉ VERDE

400 g de gambas peladas
1 cucharadita de sal
1 cucharadita de sake
1 cucharada de maicena
1 cucharada de hojas de té verde
2 cucharadas de aceite de soja
pimienta blanca
unas ramas de perejil
1/2 limón

calorías por persona: 130 aprox.
preparación: 10 min
tiempo de cocción: 2 min
dificultad: ninguna

• Se prepara un adobo con la maicena, la sal, el sake y una pizca de pimienta blanca, y se ponen en él las gambas peladas durante al menos 10 minutos.

• Mientras tanto, se ponen las hojas de té en una taza y se vierten encima 5 cucharadas de agua hirviendo. Se tapa y se deja en infusión durante 10 minutos.

• Se calienta bien el aceite y se doran en él las gambas a fuego vivo removiendo. Luego se añade el té con las hojas y se cuece un minuto más removiendo.

• Se coloca todo en una fuente, se decora con ramas de perejil y rodajas finas de limón, y se sirve.

GAMBAS SALTEADAS CON AJO

2 kg de gambas
200 g de mantequilla
4 dientes de ajo
sal y pimienta

calorías por persona: 200 aprox.
preparación: 10 min
tiempo de cocción: 5 min
dificultad: ninguna

• Se calienta la mantequilla en una sartén, se echan el ajo picado y las gambas, se sala y se cuece removiendo sin cesar hasta que las gambas adquieran un color rosado.

• Se sirve en seguida.

• La cocción, muy rápida, debe hacerse en el último minuto.

• A falta de gambas, se puede preparar la misma receta con langostinos congelados.

CROQUETAS DE GAMBAS EN CALDO DE ALGAS

500 g de gambas ya peladas
20 g de algas tipo kombu
2 cucharadas de harina
sal

calorías por persona: 120 aprox.
preparación: 10 min
tiempo de cocción: 3-5 min
dificultad: ninguna

• Se lavan y se secan las gambas.
• Se mezclan la harina, la sal y las gambas, y se pasa por la batidora americana hasta obtener una mezcla lisa y homogénea.
• Se guarda en la nevera durante una hora.
• Se forman albóndigas con la mezcla.
• Se calienta un litro de agua con las algas. Cuando hierva, se echan las albóndigas.
• En cuanto suban a la superficie, ya se pueden servir.

ANCAS DE RANA CON AJO

8 ancas de rana
2 cucharadas de harina blanca
1 cucharada de azúcar
1/2 vaso de agua
3 cucharadas de salsa de soja
3 cucharadas de fécula
2 cucharadas de sake
2 dientes de ajo
3 cucharadas de aceite de soja
sal

calorías por persona: 160 aprox.
preparación: 3 min
tiempo de cocción: 5 min
dificultad: ninguna

• Se limpian las ancas de rana, se pasan por el agua del grifo, se secan y a continuación se pasan por la fécula.
• Se calienta el aceite en una sartén y se fríen las ancas de rana durante 2 o 3 minutos.
• Se escurren y se reservan. Se retira todo el aceite de la sartén.
• En un cuenco, se mezcla la harina, la salsa de soja, el azúcar y el sake, formando una mezcla homogénea; se diluye con el agua y se pone en la sartén; se cuece durante unos segundos a fuego lento removiendo para desprender el fondo de cocción.
• Se añaden las ancas de rana y la sal y se cuece de nuevo removiendo durante 2 minutos aproximadamente.
• Se añaden los dientes de ajo picados, se mezcla de nuevo y se sirve.

Para la cocción en horno microondas
• Se ponen todos los ingredientes en una fuente añadiendo dos cucharadas de agua y se tapa.
• Se cuece a la máxima intensidad durante unos 3 minutos.
• Se bate el fondo de cocción y se sirve.

CANGREJOS DE RÍO A LA PEQUINESA

200 g de cangrejos de río pelados y limpios

1/2 cucharadita de sal

1 pizca abundante de pimienta

1 cucharada de maicena

1 cucharadita de sake

aceite para freír

PARA LA PASTA DE FRITURA

1 clara de huevo montada a punto
de nieve con una pizca de sal

4 cucharadas de harina

2 cucharadas de maicena

2 cucharadas de sake

1 cucharadita de levadura

1/2 cucharadita de sal

1 cucharada de aceite de soja

1/2 cucharada de semillas de sésamo

1 cucharada de agua

PARA DAR SABOR

2 dientes de ajo

2 láminas de raíz de jengibre fresco

1 cucharada de aceite de soja

5 cucharadas de caldo

2 cucharadas de sake

---

calorías por persona: 160 aprox.

preparación: 20 min

tiempo de cocción: 6 min

dificultad: mucha

- Se prepara un adobo con la sal, la pimienta, la maicena y el sake, y se sumergen en él los cangrejos pelados durante 10 minutos, como mínimo.
- Mientras tanto, se prepara la pasta de fritura, mezclando cuidadosamente todos los ingredientes indicados.
- Se sumergen los cangrejos en la pasta de fritura y se cubren por completo con ella.
- Se calienta bien el aceite, se echan los cangrejos dentro, a fuego medio, y se fríen hasta que queden bien dorados.
- Se escurren los cangrejos y se colocan sobre papel absorbente.
- En la cucharada de aceite de soja, se fríen durante un minuto el jengibre y los ajos cortados en cuatro; luego se añaden el caldo y el sake y se cuece durante 30 segundos más removiendo.
- Se añaden los cangrejos, se mezcla con delicadeza durante 30 segundos y se sirve muy caliente.

CANGREJOS DE RÍO DULCES Y PICANTES

500 g de cangrejos de río
3 cucharadas de salsa de soja
2 dientes de ajo
3 láminas de raíz de jengibre
2 guindillas
1 cucharada de azúcar
2 cebollitas verdes
1 cucharada de sake
1/2 vaso de aceite de soja
1/2 vaso de agua

calorías por persona: *160 aprox.*
preparación: *3 min*
tiempo de cocción: *3 min*
dificultad: *ninguna*

• Se mezcla la salsa de soja con el ajo, el jengibre y las guindillas, y se ponen los cangrejos en adobo durante una hora en dicha mezcla.
• Se disuelve el azúcar en el sake y el agua.
• Se cortan las cebollitas en rodajas finas.
• Se calienta el aceite, se echan en él los cangrejos y se saltean un minuto.
• Se añaden las cebollitas y la mezcla de sake, se sube el fuego, se cuece removiendo durante 10 segundos más y se sirve.

ESPINACAS CON SALSA DE SÉSAMO

600 g de espinacas
PARA LA SALSA
60 g de semillas de sésamo
200 g de caldo vegetal
2 cucharaditas de salsa de soja negra
2 cucharaditas de salsa de soja clara
1 cucharada de aceite de sésamo
1 cucharada de azúcar

calorías por persona: *150 aprox.*
preparación: *4 min*
tiempo de cocción: *5 min*
dificultad: *media*

• Se limpian las espinacas, se lavan bien y se eliminan los tallos. Se cuecen a fuego lento durante 3 minutos en el agua que hayan retenido del último aclarado y se escurren.
• Con las manos, se cogen puñados de espinacas y se les da una forma cilíndrica, con un diámetro de unos 2,5 cm.
• En el wok, se tuestan las semillas de sésamo hasta que estén doradas y se machacan.
• Se añaden el caldo vegetal, las dos salsas de soja, el aceite de sésamo y el azúcar, trabajando hasta obtener una mezcla lisa y homogénea.
• Se cortan transversalmente los rollos de espinacas en trozos de 2 cm y se disponen de pie en la fuente.
• Se recubren con la salsa y se sirven.

ESPINACAS SALTEADAS CON JAMÓN

1 kg de espinacas
3 cucharadas de aceite de sésamo
2 lonchas de jamón ahumado
sal

calorías por persona: 100 aprox.
preparación: 2 min
tiempo de cocción: 4 min
dificultad: ninguna

• Se limpian las espinacas, se lavan y se secan.
• Se calienta el aceite en una sartén y se añade el jamón cortado en lonchas muy finas.
• Se sube el fuego, se incorporan las espinacas, se cuecen mezclando durante 2 o 3 minutos, se salan y se sirven.

HABAS ESTOFADAS

1 kg de habas
3 cucharadas de aceite de soja
2 brotes de bambú
3 escalonias
3 cucharadas de azúcar
sal

calorías por persona: 250 aprox.
preparación: 5 min
tiempo de cocción: 12-15 min
dificultad: ninguna

• Se escaldan las habas (sin quitarles la pielecilla) y se saltean en el aceite caliente, removiendo, durante unos segundos.
• Se añaden los brotes de bambú picados; se cuece durante medio minuto más, se vierte medio vaso de agua por encima y se deja evaporar la mitad.
• Se añaden el azúcar y la sal, se mezcla y se cuece durante 2 minutos.
• Se incorporan las escalonias picadas y se cuece entre 8 y 10 minutos, hasta que las habas estén tiernas. Se sirve.

Para la cocción en horno microondas
• Se ponen todos los ingredientes lavados y listos para la cocción en una fuente de servir y se tapan.
• Se cuecen a intensidad media-alta, entre 8 y 10 minutos, comprobando que las habas estén tiernas.

FLORES DE MOW CRUJIENTES

100 g de harina
50 g de azúcar
50 g de mantequilla
1 huevo
aceite para freír

calorías por persona: 120 aprox.
preparación: 5 min
tiempo de cocción: 3-4 min
dificultad: media

• Se dispone la harina en forma de volcán y en el centro se ponen el azúcar, la mantequilla y el huevo.

• Se mezcla con delicadeza hasta obtener una masa flexible, añadiendo un poco de agua fría si es necesario.

• Se forma un cilindro de masa de 2 o 3 cm de diámetro y se corta en trozos idénticos.

• A mano, se forma con cada trozo un cilindro largo y fino, se dobla por el centro y se retuerce varias veces sobre sí mismo.

• Se fríen los cilindros en una gran cantidad de aceite bien caliente hasta que queden hinchados y dorados.

• Se escurren sobre papel absorbente de cocina; se dejan enfriar y se sirven.

FONDUE CON CARNE DE TERNERA

600 g de ternera
1 cebolla pequeña
1 cogollo de lechuga
hojas de cilantro
1/2 pepino
15 hojas de arroz
1 rama de apio
1/2 cebolla
1 cucharadita de aceite de sésamo
2 dientes de ajo picados
5 terrones de azúcar
4 cucharadas de vinagre de arroz
1 l de caldo de ternera o de gallina
salsa de soja

calorías por persona: 200 aprox.
preparación: 10 min
tiempo de cocción: 2-3 min
dificultad: ninguna

• Se lleva a ebullición el caldo con el apio cortado en tiras, la media cebolla en rodajas a lo largo, el aceite de sésamo, el ajo, el azúcar y el vinagre.

• Se cuece a fuego lento durante 30 minutos.

• Se corta la carne en tiras muy finas, que se disponen en una fuente de servir con aros de cebolla y hojas de cilantro.

• Se ablandan las hojas de arroz en un paño húmedo y se doblan en cuatro.

• En otra fuente, se dispone la lechuga lavada, seca y separada en hojas, así como el pepino cortado en rodajas.

• Se cuela el caldo y se pone en una cazuela de bordes bajos, que se colocará sobre un hornillo en el centro de la mesa.

• Cada invitado dispondrá en una hoja de arroz verduras y tiras de carne cocida en el caldo. A continuación, enrollará su hoja de arroz antes de untarla en la salsa de soja y degustarla.

FONDUE DE GAMBAS

600 g de gambas peladas
1 cebolla pequeña
1 cogollo de lechuga
hojas de menta y cilantro
1/2 pepino
15 hojas de arroz
1 rama de apio cortada en tiras
1/2 cebolla cortada en rodajas a lo largo
1 cucharadita de aceite de sésamo
2 dientes de ajo picados
1 cucharada de azúcar
4 cucharadas de vinagre de arroz
1 l de caldo de ternera o de gallina
salsa de soja

calorías por persona: 150 aprox.
preparación: 5 min
tiempo de cocción: 45 min
dificultad: ninguna

• Se lleva el caldo a ebullición, echando el apio, la cebolla, el aceite de sésamo, el ajo, el azúcar y el vinagre.

• Se hierve durante 30 minutos y luego se cuela.

• Se cortan las gambas a lo largo y se disponen en una fuente de servir decorada con rodajas de cebolla y hojas de cilantro y menta.

• A continuación, se ablandan las hojas de arroz en un paño húmedo y se doblan en cuatro partes.

• En otra fuente, se dispone la lechuga lavada, secada y separada en hojas, así como el pepino cortado en rodajas.

• Se pone el caldo en una cazuela de bordes bajos, que se colocará sobre un hornillo en el centro de la mesa.

• Cada invitado dispondrá en una hoja de arroz verduras y gambas escaldadas en el caldo. A continuación, enrollará la hoja y la humedecerá en la salsa de soja antes de saborearla.

FONDUE DEL MANDARÍN

200 g de carne de ternera
cortada
en tiras muy finas

1 pechuga de pollo cortada en
tiras

100 g de rape cortado en tiras

150 g de sepia limpia y cortada en
tiras

150 g de gambas peladas
y cortadas a lo largo

200 g de fideos de arroz

100 g de brotes de soja
escaldados

hojas de cilantro

1 cebolla cortada en rodajas

1 cogollo de lechuga

1/2 l de caldo de gallina

4 cucharadas de vinagre de arroz

5 terrones de azúcar

2 dientes de ajo picados

1 trocito de cebolla tierna picada
fina

3 cucharadas de aceite de sésamo

sal

calorías por persona: 230 aprox.

preparación: 20 min

tiempo de cocción: 10 min

dificultad: ninguna

• Se disponen en una fuente de servir las tiras de ternera, pollo, rape y sepia con las gambas, y se decora con las rodajas de cebolla y con el cilantro.

• En el caldo, se echan el vinagre, la sal, el azúcar, el ajo, la cebolla tierna y el aceite; se lleva a ebullición y se pone la cazuela, de bordes bajos, sobre un pequeño hornillo, en el centro de la mesa.

• Se cuecen los fideos de arroz durante 10 minutos en el agua hirviendo.

• Cada invitado dispondrá de un cuenco lleno de brotes de soja, de una porción de fideos y de unas hojas de lechuga, e irá cociendo los ingredientes escogidos en el caldo, echándolos a continuación en su cuenco, con un poco de caldo.

TORTAS DE SÉSAMO

100 g de harina
50 g de azúcar
50 g de mantequilla
50 g de semillas de sésamo
2 huevos
1/2 cucharadita de levadura

calorías por persona: 160 aprox.
preparación: 5 min
tiempo de cocción: 15 min
dificultad: media

• Se forma un hueco en la harina y se colocan en él el azúcar, un huevo, la levadura y la mantequilla.

• Se trabaja la masa hasta obtener una mezcla homogénea, añadiendo un poco de agua fría si es necesario. Se forma un cilindro de masa y se divide en trozos de 2 cm de largo por 2 de ancho. Se forma una pequeña bola de masa con cada trozo y, a continuación, se aplana para obtener un disco de medio centímetro de espesor.

• Se extiende por un solo lado la yema del otro huevo y se echan por encima las semillas de sésamo, hundiéndolas con delicadeza en la masa.

• Se extiende la clara de huevo por toda la superficie.

• Se disponen las tortas en una placa untada con mantequilla y se cuecen en el horno precalentado a 180 °C durante unos 15 minutos.

PASTEL YIN Y YANG

70 g de pasas
70 g de guindas confitadas en dados
30 g de naranja confitada en dados
30 g de cidra confitada en dados
100 g de harina
100 g de azúcar
3 cucharadas de agua
1 cucharada de azúcar
1 cucharada de aceite de soja
4 huevos
2 cucharaditas de levadura en polvo

PARA EL GLASEADO
6 cucharadas de agua
4 cucharadas de azúcar
1 cucharada de maicena

calorías por persona: *230 aprox.*
preparación: *15 min*
tiempo de cocción: *55 min*
dificultad: *mucha*

• Se lavan las pasas en agua fría, se escurren y se pican.

• En una cazuela, se ponen tres cucharadas de agua con una de azúcar, otra de aceite de soja y las pasas, se lleva a ebullición a fuego lento y se cuece removiendo durante 5 minutos, hasta que se evapore toda el agua.

• Se unta con mantequilla un molde para *soufflé* de 18 cm de diámetro.

• Se disponen las pasas sobre una mitad del fondo y las guindas sobre la otra, formando un pequeño círculo rojo en la parte marrón y otro marrón en la parte roja.

• Se mezcla el resto de las pasas y de las guindas con la cidra y la naranja.

• Se baten las yemas de los huevos con el azúcar y, cuando empiezan a hacer espuma, se añaden la harina y la levadura y se mezclan.

• Se montan las claras a punto de nieve muy firme y se incorporan a la mezcla de yemas describiendo un movimiento vertical.

• Se echan en el molde unos 3 cm de mezcla. Luego se añade a lo que queda de masa el resto de la fruta confitada mezclada y picada, y se echa en el molde.

• Se cuece al vapor durante 50 minutos, tapando el molde.

• Se prepara el glaseado llevando a ebullición la mezcla de los ingredientes indicados.

• Se desmolda el pastel en una fuente de servir, se vierte el glaseado caliente por los lados y se sirve de inmediato.

GELATINA DE ALMENDRAS

25 cl de agua
25 cl de leche
25 g de cola de pescado
4 cucharadas de azúcar
1 cucharada de extracto de almendras amargas
4 rodajas de piña en conserva
4 guindas en almíbar

PARA EL ALMÍBAR
1 l de agua
10 cucharadas de azúcar

calorías por persona: 160 aprox.
preparación: 15 min
tiempo de cocción: 8 min
dificultad: media

• Se lleva a ebullición el agua con el azúcar, se apaga el fuego y se añade la cola de pescado removiendo sin cesar para disolverla.

• Se añaden la leche y el extracto de almendras, se mezcla bien y se echa el compuesto en una fuente grande de fondo liso, formando una capa de al menos 1,5 cm de espesor.

• Se deja cuajar en la nevera y, mientras tanto, se prepara el almíbar: se lleva a ebullición el agua con el azúcar y se cuece removiendo a fuego lento durante 3 o 4 minutos. Se deja enfriar el almíbar en la nevera.

• Se corta la gelatina con un cuchillo afilado y se pone en una fuente honda.

• Se recubre con el almíbar muy frío y se decora la superficie con las rodajas de piña, en cuyo centro se pondrá una guinda.

BROTES DE SOJA CON CANGREJO DE MAR Y GAMBAS

300 g de brotes de soja
100 g de carne de cangrejo de mar
100 g de gambas cocidas
100 g de pechuga de pollo cocida
hojas de cilantro o menta
ramas de apio
4 zanahorias ralladas
aceite
vinagre

calorías por persona: 150 aprox.
preparación: 10 min
tiempo de cocción: –
dificultad: ninguna

• Se prepara una vinagreta mezclando aceite y vinagre con el tenedor.

• Se humedece la carne de cangrejo, las gambas y la pechuga de pollo con esta vinagreta.

• Se pica la menta o el cilantro.

• Se cortan en tiras finas las ramas de apio lavadas y se disponen en una fuente con los brotes de soja.

• Se añaden las zanahorias y luego las gambas, la carne de cangrejo y el pollo.

• Se espolvorea con menta o cilantro y se sirve.

BROTES DE SOJA SALTEADOS CON SÉSAMO Y POLLO

600 g de brotes de soja

2 pechugas de pollo

1 cucharada de aceite de pepitas de uva

1 cucharada de semillas de sésamo

1 cucharadita de salsa de soja

calorías por persona: 160 aprox.

preparación: 10 min

tiempo de cocción: 10 min

dificultad: ninguna

- Se limpian los brotes de soja y se secan bien.
- Se corta el pollo en cubos que se ensartan en unos pinchos pequeños de madera. Se calienta el aceite en un wok o, a falta de este, en una olla y se saltean en él los pinchos de pollo a fuego vivo.
- Se aromatizan con salsa de soja, se sacan del wok y se reservan. Se añade un poco de aceite al wok y se echan los brotes de soja.
- Se sofríen 10 minutos a fuego medio removiendo con frecuencia. Se añade un chorrito de salsa de soja.
- Se espolvorea con semillas de sésamo antes de servir muy caliente.

ÑOQUIS DE CERDO

Para la pasta

150 g de harina
1 huevo
75 g de agua
un poco de harina de arroz

Para el relleno

180 g de carne magra de cerdo
120 g de gambas peladas
45 g de castañas de agua en conserva escurridas
4 setas negras secas
1 cebolla tierna picada
2 láminas de raíz de jengibre picadas
1 cucharada de salsa de soja
1/2 cucharadita de sal
2 yemas de huevo duro

calorías por persona: 280 aprox.
preparación: 20 min
tiempo de cocción: 20 min
dificultad: mucha

• En un recipiente, se echa la harina en forma de volcán. Se bate el huevo con el agua, se vierte la mezcla en el centro de la harina y se trabaja a mano, hasta obtener una masa flexible. Se tapa y se deja reposar.

• Se espolvorea la superficie de trabajo con harina de arroz y se extiende la masa por encima formando un gran cuadrado.

• Se espolvorea la superficie de la masa con harina de arroz y, a continuación, se dobla por la mitad y se vuelve a extender.

• Se repite esta operación hasta obtener una masa muy fina.

• Se corta en cuadrados de 7 cm de lado.

• Se pasa por la picadora la carne de cerdo con las gambas y se añaden las castañas escurridas, las setas (únicamente los sombreros), previamente remojadas en agua, la cebolla tierna, el jengibre, la salsa de soja y la sal. Se trabaja hasta que la mezcla resulte homogénea.

• Se transforman los cuadrados de masa en discos, retirando los ángulos.

• Se coge con la palma de la mano un disco de masa para darle una forma cóncava y se coloca en él una cucharadita de relleno. Luego se aproximan los bordes de la masa sin cerrarlos, como para formar una taza.

• Se golpea ligeramente cada uno de los ñoquis contra la superficie de trabajo para aplanar su fondo.

• Se espolvorean los ñoquis con yema de huevo duro desmigada y se disponen en la cesta de cocción al vapor ligeramente untada con aceite.

• Se cuecen 20 minutos y se sirven.

ÑOQUIS DE ARROZ DULCES

200 g de harina de arroz

15 cl de agua caliente

5 cucharadas de compota
de alubias de soja

1,5 cucharada de semillas de
sésamo

4 cucharadas de azúcar

4 cucharadas de fruta confitada

aceite para freír

calorías por persona: 260 aprox.

preparación: 30 min

tiempo de cocción: 4 min para la
fritura, 20 min en el agua hirviendo

dificultad: media

• Se tuestan las semillas de sésamo junto con el azúcar.

• Se trabaja la harina de arroz con el agua hasta obtener una mezcla flexible.

• Se forma con la masa un cilindro de 4 cm de diámetro y se divide en rodajas de 1 cm de espesor.

• Se mezcla la compota con las semillas de sésamo y la fruta confitada cortada en trozos.

• Se aplana en la palma de la mano cada disco de masa y se rellena con un poco de la mezcla de compota; se cierran los bordes para formar una bola.

• Se fríen los ñoquis en una gran cantidad de aceite bien caliente durante 4 minutos o se hierven a fuego muy lento durante 20 minutos. En este último caso, se sirven en su caldo de cocción.

JUDÍAS VERDES Y BUÑUELOS DE GAMBAS CON SEMILLAS DE SÉSAMO

600 g de judías verdes finas
1 pizca de sal
3 cucharadas de semillas de sésamo blanco
3 cucharadas de salsa de soja
8 cucharadas de caldo de verduras

PARA LOS BUÑUELOS DE GAMBAS
16 gambas
3 yemas de huevo
2,5 cucharadas de vino blanco
5 cucharadas rasas de fécula
aceite para freír
sal

calorías por persona: 220 aprox.
preparación: 15 min
tiempo de cocción: 20 min
dificultad: mucha

• Se les quitan las hebras a las judías verdes y se escaldan en agua salada de 8 a 10 minutos según su consistencia. Se escurren y se dejan enfriar.
• Se cortan en trozos de 5 cm.
• Se tuestan las semillas de sésamo en una sartén y luego se mezcla la mitad de ellas con la salsa de soja y el caldo de verduras.
• Se bañan las judías verdes con esta salsa. Se mezcla todo bien.

Buñuelos de gambas
• Se practican dos o tres cortes en el vientre de las gambas para que no se encojan. Se conservan las cabezas y las colas.
• Se mezclan las yemas de huevo con el vino, la fécula y una pizca de sal, y se deja que espese la salsa removiendo.
• Se calienta el aceite para freír, se sumergen las gambas en la masa y se echan en el aceite.
• Se retiran con una espumadera y se depositan sobre una hoja de papel absorbente.

• Se presentan al mismo tiempo las judías verdes y los buñuelos de gambas.
• Se espolvorea todo con el resto de semillas de sésamo tostadas.

JUDÍAS VERDES SALTEADAS CON TOFU

400 g de judías verdes
100 g de queso de soja (tofu)
1 puerro
1 cucharada de aceite de sésamo
1/2 cucharada de fécula
sal

calorías por persona: *140 aprox.*
preparación: *2 min*
tiempo de cocción: *8 min*
dificultad: *ninguna*

• Se saltea el puerro cortado en trozos en el aceite, se añade el queso de soja en trozos y luego las judías verdes, se sala y se cuece.
• Se ligan las verduras con la fécula, se mezcla bien y se sirve.

JUDÍAS VERDES SALTEADAS CON CARNE DE TERNERA

400 g de judías verdes
200 g de carne de ternera picada
1 vaso de aceite de soja
1 cucharada de salsa de soja
1 cucharadita de azúcar
1 cucharada de sake
sal

calorías por persona: *230 aprox.*
preparación: *5 min*
tiempo de cocción: *15 min*
dificultad: *ninguna*

• Se limpian las judías, se lavan y se secan.
• Se calienta el aceite en una sartén, se echan en ella las judías y se fríen durante 10 minutos aproximadamente, hasta que adquieren un color marrón; a continuación, se escurren.
• Se retira casi todo el aceite de la sartén, se incorpora la carne y se saltea removiendo durante 2 o 3 minutos.
• Se añade la salsa de soja, se mezcla y luego se incorporan las judías, el azúcar, la sal y el sake.
• Se mezcla de nuevo, se cuece durante un minuto más y se sirve.

HSIAO-MAI

160 g de harina de arroz
6 cl de agua caliente
60 g de carne de cerdo picada
60 g de jamón de York picado
60 g de espinacas
1/2 cucharadita de sal
1/2 cucharadita de aceite de sésamo
2 cucharaditas de sake
pimienta

calorías por persona: 250 aprox.
preparación: 25 min
tiempo de cocción: 40 min
dificultad: mucha

• Se cuecen 60 g de harina de arroz en 20 cl de agua durante unos 20 minutos, hasta que se haya absorbido toda el agua.
• Se limpian y se lavan las espinacas; se escaldan durante 2 minutos; se escurren, se estrujan y se pican.
• Se mezcla la harina con las espinacas, la carne de cerdo, el jamón, el aceite de sésamo, el sake, la sal y la pimienta, y se mezcla todo bien.
• Se trabaja el resto de la harina tamizada con el agua caliente, sin dejar de remover para obtener una masa bastante dura, que luego se trabaja a mano durante unos 2 minutos.
• Se extiende la masa lo más fina posible y, con un cortapastas de 7 cm de diámetro, se forman con ella unos discos.
• Se pone encima de cada disco una cucharadita de relleno y luego se llevan los bordes hacia arriba sin cerrar por completo, de forma que el relleno resulte un poco visible.
• Se engrasa ligeramente una cesta de cocción al vapor y se colocan en ella los hsiao-mai.
• Se cuecen al vapor durante 20 minutos y se sirven bien calientes.

LECHE DE SOJA

100 g de semillas de soja
3 o 4 l de agua
azúcar
vainilla

calorías por persona: 50 aprox.
preparación: 12 h
tiempo de cocción: 10 min
dificultad: ninguna

• Se limpian las semillas de soja y se dejan macerar durante 12 horas en agua templada. Se escurren. Se añaden los 3 o 4 litros de agua y se bate todo; luego se filtra.
• Se hierve el líquido durante 10 minutos.
• Se endulza con azúcar ligeramente, se aromatiza con la vainilla y se sirve frío o caliente.

VERDURAS DE INVIERNO CON BROCHETAS DE POLLO AL TORONJIL

500 g de calabaza
2 patatas
100 g de col blanca
3 escalonias
1 diente de ajo
1 guindilla pequeña fresca
10 g de toronjil
1 cucharadita rasa de cúrcuma
1 cucharadita rasa de jengibre molido
4,5 dl de caldo de ave
50 g de crema de coco
4 pechugas de pollo
2 cucharadas de aceite vegetal
10 cl de agua
sal

calorías por persona:	180 aprox.
preparación:	25 min
tiempo de cocción:	12 min
dificultad:	media

• Se pela la calabaza y se corta su pulpa en dados pequeños. Se pelan las patatas, se lavan y se cortan en dados.

• Se pela el diente de ajo y se pica fino. Se lava la guindilla y se corta en finas rodajas, retirando las semillas.

• Se ponen las escalonias peladas y muy picadas en una cazuela. Se añaden el ajo, la guindilla, 10 cl de agua, la cúrcuma, el jengibre, el toronjil y sal.

• Se lleva a ebullición y se cuece durante 2 minutos. Luego se añaden las patatas, la calabaza y el caldo. En cuanto vuelve a hervir, se tapa y se cuece 5 minutos más.

• Se lava la col y se corta en tiras finas. Se añade a las demás verduras. Se cuece 5 minutos más.

• Se liga todo con la crema de coco, que se dejará espesar.

• Este plato se acompaña de brochetas de pechuga de pollo cortada en cuadritos y salteada en la sartén con un poco de aceite.

NABOS EN SU JUGO

700 g de nabos
4 cucharadas de aceite de sésamo
1/2 cucharadita de azúcar
3 cucharadas de salsa de soja
sal

calorías por persona: 120 aprox.

preparación: 5 min

tiempo de cocción: 15 min

dificultad: ninguna

- Se pelan los nabos y se cortan en rodajas.
- Se calienta el aceite en una sartén y se incorporan los nabos, que se saltean removiendo unos segundos.
- Se baja el fuego, se tapa y se cuece durante 5 minutos, removiendo dos o tres veces.
- Se añaden el azúcar y la salsa de soja, se mezcla de nuevo, se cuece 10 minutos más, después se sala y se sirve.

FIDEOS SALTEADOS CON SALSA

300 g de fideos chinos de soja
300 g de carne de cerdo picada
2 cucharadas de sake
4 cucharadas de salsa de soja
2 guindillas
2 cebollitas verdes
4 cucharadas de aceite de soja
jengibre molido

calorías por persona: 430 aprox.

preparación: 5 min

tiempo de cocción: 10 min aprox.

dificultad: media

- Se cortan los fideos por la mitad y se cuecen en agua hirviendo durante 3 minutos. A continuación se escurren.
- Se calienta el aceite en una sartén y se añaden la carne picada, las guindillas molidas, el sake, la salsa de soja y las cebollitas troceadas.
- Se cuece a fuego medio durante 5 minutos, se añaden los fideos, se espolvorea con jengibre, se mezcla y se sirve.

HUEVOS CON TÉ

4 huevos
2 cucharadas de hojas de té rojo
1 cucharada de té verde
1 varita de canela
8 badianas (anís estrellado)
5 cucharadas de salsa de soja

calorías por persona:	*190 aprox.*
preparación:	*2 min*
tiempo de cocción:	*2 h 30 min*
dificultad:	*ninguna*

• Se cuecen los huevos. Se descascarillan dejando la pielecilla y luego se ponen en una sartén grande y se recubren con agua fría.
• Se llevan a ebullición y se añaden los demás ingredientes, de uno en uno.
• Se cuece durante 2 horas y media, se escurren los huevos y se secan. Una vez fríos, se cortan a lo largo y se sirven.

PAO-TZU CON CEBOLLETAS

200 g de harina
14 cl de agua
1 cucharada de sal
2 cucharadas de aceite
aceite de sésamo
1/2 clara de huevo
aceite para freír
8 cebolletas picadas
2 cucharadas de semillas de sésamo blancas

calorías por persona:	*250 aprox.*
preparación:	*20 min*
tiempo de cocción:	*10 min*
dificultad:	*media*

• Se tamiza la harina con la sal en un recipiente. Se forma un hueco y se vierten el aceite y el agua. Se trabaja con una cuchara de madera, hasta obtener una masa flexible y homogénea.
• Se trabaja un poco la masa y luego se divide en cuatro partes iguales que se extenderán hasta alcanzar un espesor de 1,5 cm.
• Se extiende el aceite de sésamo sobre cada parte de masa, se añaden dos cebolletas picadas y se sala.
• Se cierran los pao-tzu adhiriendo bien la masa. Luego se extiende la clara de huevo y se pegan las semillas de sésamo encima, por un solo lado.
• Se calienta el aceite y se echan los pao-tzu, por el lado de las semillas de sésamo. Se les da la vuelta cuando esta cara está dorada; cuando el otro lado también se haya dorado, se ponen un poco más sobre la cara con semillas de sésamo.
• Se cortan los pao-tzu en cuatro partes y se sirven bien calientes.

CHULETITAS CON SEMILLAS DE SÉSAMO

500 g de lomo de cerdo
50 g de semillas de sésamo
2 claras de huevo
1 cucharadita de azúcar
3 cucharadas de sake
4 dientes de ajo
5 láminas de raíz de jengibre
2 cucharaditas de sal
3 cucharadas de fécula
50 g de aceite vegetal
pimienta

calorías por persona: 260 aprox.
preparación: 30 min
tiempo de cocción: 5 min
dificultad: media

• Se corta el lomo en filetes muy finos de 2 o 3 cm de largo.

• Se prepara la primera salsa mezclando el azúcar, la sal, el sake, los dientes de ajo aplastados y las láminas de raíz de jengibre.

• Se prepara la segunda salsa mezclando las claras de huevo con la fécula y pimienta.

• Se dejan en adobo durante media hora los filetes de carne en la primera salsa, se pasan por la segunda y, a continuación, se rebozan con las semillas de sésamo.

• Se calienta el aceite en una sartén y se doran los filetes a fuego medio. Se sirven en seguida.

PANECILLOS CON SÉSAMO

650 g de harina
75 g de aceite
30 cl de agua fría
2 cucharaditas de sal
3 cucharaditas de semillas de sésamo blancas

calorías por persona: 250 aprox.
preparación: 20 min
tiempo de cocción: 12-14 min
dificultad: media

• Se saltean en el aceite unos 130 g de harina hasta que esté bien dorada; a continuación, se deja enfriar.

• En un recipiente, se pone el resto de la harina y se mezcla con el agua, utilizando una cuchara de madera.

• Se coloca la masa encima de la superficie de trabajo y se deja reposar durante 5 minutos sin tapar; se unta con aceite la superficie de trabajo y se trabaja la masa hasta que resulte homogénea y elástica. Luego se divide en doce partes iguales.

• Se extiende cada trozo de masa dándole una forma cuadrada, se espolvorea por un lado con un poco de la harina tostada antes y se sala; se doblan los bordes hacia el centro, uniéndolos bien, y luego se aplanan un poco.

• Se humedece la parte superior del panecillo y se espolvorea con semillas de sésamo.

• Se colocan los panecillos en la placa engrasada del horno precalentado a 200 °C y se cuecen durante 5 minutos. Luego se les da la vuelta y se cuecen durante 5 minutos más, hasta que estén bien dorados.

• Se sirven cortados por la mitad.

PIE DE CERDO ESTOFADO

1 pie de cerdo
1 lata pequeña de brotes de bambú
4 cucharadas de salsa de soja
100 g de fideos chinos de soja
1 cucharada de cebolla tierna picada
sal

calorías por persona: 200 aprox.
preparación: 10 min
tiempo de cocción: 1 h
dificultad: ninguna

• Se cortan en dados los brotes de bambú.
• Se ablandan los fideos en agua templada.
• En una cazuela ancha, se coloca el pie de cerdo junto con los brotes de bambú, se cubre con agua, se lleva a ebullición y luego se cuece a fuego lento durante una hora aproximadamente.
• Se sala, se añaden la salsa de soja, los fideos y la cebolla tierna, se mezcla de nuevo y se sirve.

PALOMOS CON LIMÓN

2 palomos
3 cebolletas
2 cucharaditas de azúcar
2 limones
1 cucharadita de aceite de sésamo
1/2 vaso de caldo de gallina
1 cucharada de salsa hoi sin
1 cucharada de salsa de soja
1 pizca de jengibre molido
pimienta

calorías por persona: 180 aprox.
preparación: 10 min
tiempo de cocción: 40 min
dificultad: media

• Se limpian los palomos, se lavan y se secan.
• Se retiran las pepitas de los limones y luego se pican con las cebolletas.
• Se añaden la salsa hoi sin, el azúcar, la salsa de soja, el aceite de sésamo, la pimienta y el jengibre, hasta que se obtenga una mezcla homogénea.
• Se rellena cada palomo con una cucharada de salsa, se cose la abertura y se extiende también salsa por toda su superficie.
• Se meten los palomos en el horno muy caliente durante unos 40 minutos, de forma que se seque la piel.
• Se descose la abertura y se vacían los palomos de su salsa. Se añade el caldo y se reduce.
• Se trinchan los palomos y luego se recomponen en la fuente de servir como si estuviesen enteros; se vierte la salsa por encima y se sirve.

PESCADO AL VAPOR
A LOS CINCO SABORES

1 lubina de 800 g
5 láminas de raíz de jengibre fresco
2 setas negras remojadas en agua
2 cebolletas
1,5 cucharada de aceite
1 cucharada de sake
2 cucharadas de salsa de soja
1/2 cucharadita de azúcar
cilantro

calorías por persona:	130 aprox.
preparación:	5 min
tiempo de cocción:	20 min
dificultad:	ninguna

• Se limpia la lubina, se escama, se lava y se seca. Se practican unos cortes a los lados. Se coloca luego en la cesta para la cocción al vapor, ligeramente untada con aceite.

• Se pican los sombreros de las setas y el jengibre. Se corta en tiras finas la parte blanca de las cebolletas.

• Se riega el pescado con el aceite y la salsa de soja. A continuación, se cubre con los demás ingredientes.

• Se tapa y se cuece al vapor durante 20 minutos. Se sirve el pescado decorado con el cilantro y acompañado de arroz.

Para la cocción en horno microondas

• Se ponen todos los ingredientes en una fuente y se tapan.

• Se cuece a la máxima intensidad durante 7 u 8 minutos. Se deja reposar un minuto y se sirve.

PESCADO AL TÉ

800 g de atún fresco
100 g de costillar de cerdo en dados
té de loto o té negro
4 cucharadas de salsa de soja
3 cucharadas de aceite vegetal
1/2 cucharadita de azúcar
unas láminas de raíz de jengibre fresco

calorías por persona:	120 aprox.
preparación:	5 min
tiempo de cocción:	15 min
dificultad:	media

• Se prepara un té muy fuerte.

• Se dora el pescado entero en el aceite.

• Se pone el pescado dorado en una cazuela, se cubre con el té, se añaden todos los demás ingredientes, se tapa y se cuece a fuego lento durante 10 minutos.

PESCADO CARAMELIZADO

500 g de merluza
4 cucharadas de azúcar
5 cucharadas de salsa de soja
1/2 rodaja de jengibre
1 cebolla picada
el zumo de 2 limones
pimienta

calorías por persona: 140 aprox.
preparación: 3 min
tiempo de cocción: 5 min
dificultad: ninguna

- Se corta la merluza en cubos de unos 4 cm de lado.
- Se prepara un caramelo con el azúcar y un poco de agua, se añade la cebolla y, a continuación, el pescado, mezclando bien.
- Se espolvorea con el jengibre picado.
- Se añade la salsa de soja, se echa pimienta, se baña con el zumo de limón y se cuece a fuego lento, hasta que el líquido se reduzca a la mitad.
- Se sirve bien caliente.

PIMIENTA Y SAL PICANTES

2 cucharadas de sal fina
1,5 cucharadita de pimienta molida

calorías por persona: 40 aprox.
preparación: 1 min
tiempo de cocción: 1 min
dificultad: ninguna

- Se calienta la sal en el wok y se añade la pimienta, se mezcla bien y se retira en seguida del fuego.
- Se deja enfriar y se sirve.

PIMIENTOS RELLENOS

3 pimientos verdes
1 pimiento rojo
150 g de gambas peladas
150 g de champiñones
1 diente de ajo
1 cucharada de salsa de soja
1 cucharada de maicena
1 cucharada de vino blanco
sal

calorías por persona: 180 aprox.
preparación: 20 min
tiempo de cocción: 30 min
dificultad: media

• Se lavan y se cortan por la mitad a lo ancho dos pimientos verdes, se les quitan las semillas. Se cuecen al vapor (3 minutos en la olla a presión), se escurren y se reservan.

• Se lava el otro pimiento verde, así como el pimiento rojo. Se cortan a lo largo y se les quitan las semillas y el pedúnculo. Se cortan en tiras y luego en rombos.

• Se lavan los champiñones y se filetean. Se pela y se machaca el diente de ajo.

• Se mezcla el ajo con las gambas, la salsa de soja, los rombos de pimiento, los champiñones, la maicena y el vino blanco en una sartén. Se sala y se cuece durante 3 minutos.

• Se rellenan las mitades de pimiento con este preparado y se cuecen al vapor durante 30 minutos (10 minutos en la olla a presión).

• Se sirve caliente.

MANZANAS CON SEMILLAS DE SÉSAMO

4 manzanas reinetas
2 yemas de huevo
100 g de azúcar molido
3 cucharadas de leche
3 cucharadas de maicena
el zumo de 1/2 limón
50 g de semillas de sésamo

calorías por persona: 140 aprox.
preparación: 15 min
tiempo de cocción: 15 min
dificultad: ninguna

• Se pelan las manzanas, se cortan en cuartos, se les quita el corazón y las pepitas, y se cortan los cuartos en finas rodajas, que se bañan con zumo de limón.

• Se mezclan en una ensaladera las yemas de huevo, el azúcar, la leche y la maicena desleída en tres cucharadas de agua. Se bate con el tenedor para que la mezcla resulte homogénea.

• Se cuece este preparado a fuego lento en una sartén antiadherente y se vierte sobre la fruta. Se espolvorea con semillas de sésamo.

• Se sirve caliente.

CERDO AGRIDULCE A LA CANTONESA

320 g de cerdo cortado en cubos
100 g de lichis
100 g de cebollas
2 pimientos verdes
5 cucharadas de aceite de soja

PARA EL ADOBO

1 pizca de sal
1 cucharada de sake
1 cucharada de maicena
pimienta

PARA LA PASTA DE FRITURA

1/2 huevo batido
8 cucharadas de agua
4 cucharadas de harina
2 cucharadas de maicena

PARA LA SALSA

2 cucharadas de salsa de soja
4 cucharadas de vinagre de arroz
2 cucharadas de azúcar
2 cucharadas de sake
8 cucharadas de agua
3 cucharadas de ketchup
1 cucharada de maicena

calorías por persona: 200 aprox.
preparación: 20 min
tiempo de cocción: 5 min
dificultad: media

• Se prepara un adobo con los ingredientes indicados y, mezclando, se sumerge dentro la carne de cerdo cortada en dados de 1,5 cm de lado.

• Se deja reposar durante 10 minutos.

• Mientras tanto, se prepara la pasta para freír disolviendo la harina y la maicena con el agua y el huevo batido y se reserva.

• Se prepara también la salsa disolviendo la maicena en dos cucharadas de agua fría y añadiendo a continuación todos los ingredientes restantes.

• Se trocean las cebollas, los pimientos y los lichis.

• Se calienta bien el aceite en el wok, se pasan los trozos de cerdo por la pasta de fritura y se sofríen durante 3 o 4 minutos hasta que estén bien dorados.

• Se añaden las cebollas, los pimientos y los lichis y se sofríe durante un minuto y medio más. Luego se pone todo en una fuente de servir caliente, dejando el aceite en el wok.

• Se calienta de nuevo y se incorpora la salsa en el interior.

• Se cuece removiendo durante 2 minutos, se añaden de nuevo la carne y las verduras, se calienta todo y se sirve en seguida.

CERDO AGRIDULCE
AL ESTILO DE SICHUAN

320 g de cerdo cortado en cubos
100 g de cebollas
60 g de setas chinas
2 pimientos verdes
5 cucharadas de aceite de soja

PARA EL ADOBO
1 pizca de sal
1 cucharada de sake
1 cucharada de maicena
pimienta

PARA LA PASTA DE FRITURA
1/2 huevo batido
4 cucharadas de agua
2 cucharadas de harina
2 cucharadas de maicena

PARA LA SALSA
2 cucharadas de salsa de soja
4 cucharadas de vinagre de arroz
2 cucharadas de azúcar
2 cucharadas de sake
8 cucharadas de agua
3 cucharadas de ketchup
1 cucharada de maicena

calorías por persona: 200 aprox.
preparación: 15 min
tiempo de cocción: 5 min
dificultad: media

• Se remojan los sombreros de las setas en agua fría.
• Se prepara un adobo con la sal, el sake, la maicena y la pimienta, y se sumerge en el adobo la carne de cerdo cortada en dados de 1,5 cm de lado.
• Se mezcla y se deja reposar durante 10 minutos.
• Mientras tanto, se prepara la pasta de fritura con los ingredientes indicados y se reserva.
• Se prepara también la salsa, disolviendo la maicena en dos cucharadas de agua fría y añadiendo todos los demás ingredientes.
• Se cortan las cebollas y los pimientos en trozos de 2 x 3 cm y los sombreros de las setas en cuartos.
• Se calienta el aceite, se ponen los cubos de cerdo en la pasta de fritura y se fríen durante 3 o 4 minutos hasta que estén bien dorados.
• Se añaden las cebollas, las setas y los pimientos, y se sofríen durante un minuto más. Luego se pone todo en una fuente de servir caliente, dejando el aceite en la sartén.
• Se vuelve a calentar el aceite y se vierte la salsa dentro.
• Se cuece removiendo durante 2 minutos, se añaden de nuevo la carne y las verduras, se calienta todo y se sirve en seguida.

CERDO AL CARAMELO

500 g de lomo de cerdo
4 cucharadas de azúcar
1 cebolla picada
5 cucharadas de salsa de soja
el zumo de 2 limones
pimienta

calorías por persona: 230 aprox.
preparación: 3 min
tiempo de cocción: 6 min
dificultad: ninguna

• Se corta la carne de cerdo en dados de 4 cm de lado.
• Se prepara un caramelo con el azúcar y un poco de agua, se añade la cebolla y luego la carne, y se mezcla bien.
• Se añaden la salsa de soja y pimienta, se baña con el zumo de limón y se cuece a fuego lento hasta que el líquido se reduzca a la mitad.
• Se sirve bien caliente.

CERDO CON GUINDILLA

1 kg de costillas de cerdo
3 cucharadas de salsa de soja
1 cucharadita de azúcar
2 cucharadas de sake
1 cucharadita de vinagre de arroz
2 guindillas
2 cebollas pequeñas
1/2 cucharadita de ajo molido
2 cucharadas de fécula de patata
4 cucharadas de aceite vegetal

calorías por persona: 240 aprox.
preparación: 5 min
tiempo de cocción: 5 min
dificultad: ninguna

• Se pasan las costillas de cerdo por la fécula de patata.
• Se mezcla la salsa de soja con el azúcar, el ajo molido y el sake, y se ponen en adobo en esta mezcla las costillas de cerdo.
• Se calienta el aceite en una sartén y se fríen rápidamente, a fuego vivo, las costillas de cerdo por ambos lados. Luego se retiran.
• Se saltean las guindillas en el mismo aceite y se añaden las cebollas picadas.
• Se mezcla de nuevo, se añaden las costillas de cerdo y se les hace tomar sabor removiendo durante un minuto más. Se vierte un chorrito de vinagre, se vuelve a mezclar y se sirve.

CERDO CON CASTAÑAS

250 g de carne de cerdo en
filetes

3 cucharadas de aceite de soja

100 g de castañas cocidas y
peladas

1/2 puerro

1 rodaja de jengibre fresco

PARA EL ADOBO

1/2 cucharadita de salsa de soja

1 cucharada de sake

1/2 huevo

1 pizca de levadura

1,5 cucharada de maicena

1 cucharada de aceite de soja

sal y pimienta

PARA LA SALSA

1,5 cucharada de salsa de soja

1 cucharada de sake

1 cucharadita bien colmada
de vinagre de arroz

1 cucharadita de azúcar

2 cucharaditas de maicena

3 cucharadas de caldo

sal

calorías por persona: 230 aprox.

preparación: 20 min

tiempo de cocción: 4 min

dificultad: media

- Se cortan los filetes de cerdo en cubos de 1,5 cm de lado.
- Se prepara un adobo con los ingredientes indicados y se sumerge en él durante 10 minutos la carne.
- Mientras tanto, se prepara la salsa mezclando la salsa de soja, el sake, el vinagre, el azúcar, la maicena desleída en un poco de agua fría, el caldo y sal.
- Se cortan las castañas por la mitad y el puerro en trozos menudos.
- Se calienta bien el aceite y se fríe la carne durante unos 2 minutos a fuego vivo.
- Se añaden las castañas y se doran durante un minuto.
- Se escurren la carne y las castañas y, en el mismo aceite, se saltean el puerro y el jengibre durante 30 segundos.
- Se añade la salsa y se deja espesar removiendo durante un minuto.
- Se devuelven el cerdo y las castañas a la olla y se calienta bien.
- Se sirve bien caliente con arroz blanco.

CERDO LACADO

PARA 12 PERSONAS
1 cochinillo
1 cebolla picada fina
3 dientes de ajo
1 cucharada de mezcla «cinco especias»
2 cucharadas de miel
3 cucharadas de alcohol de arroz aromatizado
sal
4 cucharadas de pasta de soja roja
1 vaso pequeño de zumo de limón
1 pizca de bicarbonato
1/2 cucharadita de carmín líquido

calorías por persona:	240 aprox.
preparación:	30 min
tiempo de cocción:	3 h
dificultad:	media

• Este plato debe prepararse 24 horas antes de comerse.

• Se desuella el cerdo y se mantienen las patas separadas mediante palillos.

• Se escalda la piel procurando no mojar el interior y se deja secar.

• Mientras tanto, se prepara la salsa mezclando los dientes de ajo bien machacados, la cebolla picada, las «cinco especias», la miel, el alcohol de arroz, la sal y la pasta de soja.

• Se mezcla de nuevo cuidadosamente, hasta obtener una mezcla homogénea.

• Se coloca el cochinillo sobre el lomo y se extiende la salsa por la parte interna, evitando mojar la piel.

• Se deja reposar 24 horas.

• Antes de asar el cochinillo, se le unta la piel con zumo de limón y se deja secar del todo.

• A continuación, se frota con el bicarbonato y el carmín líquido.

• Se asa el cochinillo a fuego muy vivo, se baja la llama y se termina la cocción a fuego lento durante 3 horas aproximadamente.

• Se sirve entero. En primer lugar, se come la piel y, luego, la carne, acompañándolo todo con tortitas y cebolletas.

CERDO SALTEADO CON BROTES DE BAMBÚ

Ingredientes
300 g de lomo de cerdo
200 g de bambú cortado en rodajas
1 cucharada de salsa de soja
1 diente de ajo
2 cucharadas de sake
1 cucharadita de azúcar
pimienta blanca
4 cucharadas de aceite vegetal
1 cucharada de fécula

calorías por persona:	210 aprox.
preparación:	5 min
tiempo de cocción:	4 min
dificultad:	ninguna

• Se corta la carne en tiras finas y se pasan por la fécula.

• Se prepara un adobo con el sake, el azúcar, el ajo picado y con la pimienta blanca recién molida.

• Se sumerge la carne en el adobo.

• Se saltea el bambú con un poco de aceite, a fuego vivo.

• Se añade la salsa de soja, se cuece removiendo durante 2 minutos y se retira del fuego.

• Se calienta el resto del aceite y se sofríe la carne removiendo durante un minuto y medio.

• Se añade el bambú y se remueve durante 20 segundos, a fuego vivo, y se sirve.

POLLO CON MOSTAZA

Ingredientes
1 pechuga de pollo
1 cucharada de mostaza molida
2 claras de huevo
1 cucharada de salsa de soja
1 cucharada de aceite de sésamo
1 cucharada de fécula o maicena
unas gotas de vinagre de soja
aceite de soja
sal

calorías por persona:	180 aprox.
preparación:	5 min
tiempo de cocción:	7 min
dificultad:	ninguna

• Se deshuesa la pechuga de pollo y se corta en láminas delgadas.

• Se mezcla la fécula, o la maicena, con las claras de huevo y se añade esta mezcla al pollo.

• Se calienta aceite de soja en una sartén, se echa la carne y se fríe removiendo sin cesar durante 5 minutos, de forma que las láminas de pollo se separen unas de otras. Se escurren y se reservan en una fuente.

• Se disuelve la mostaza en un poco de agua y se añaden la salsa de soja, el vinagre, el aceite de sésamo y la sal.

• Se vierte la salsa sobre el pollo y se sirve en seguida.

POLLO CON COCO

1 pollo
1,5 cucharada de fécula
1 cucharada de aceite de sésamo
1 clara de huevo
100 g de coco seco
2 cucharadas de aceite de soja
1 cucharada de harina
sal y pimienta

calorías por persona: 260 aprox.
preparación: 15 min
tiempo de cocción: 7 min
dificultad: media

• Se pone en remojo el coco en agua fría.
• Se limpia el pollo, se deshuesa y se corta en trocitos.
• Se mezclan la fécula, la pimienta, el aceite de sésamo y la clara de huevo; se añaden los trozos de pollo y se mezcla bien.
• Se calienta el aceite de soja en el wok y se saltean los trozos de pollo a fuego vivo durante un minuto.
• Se añaden el coco escurrido y la harina, y se remueve bien durante medio minuto.
• Se baja el fuego, se sala, se tapa y se cuece durante 5 minutos más. Se sirve.

POLLO CON JENGIBRE

1 kg de pollo troceado
3 escalonias
6 cucharadas de aceite vegetal
3 cucharadas de jengibre picado
2 cucharadas de salsa de soja
2 cucharaditas de azúcar
1 cucharada de sake
1 cucharada de aceite de sésamo
sal

calorías por persona: 200 aprox.
preparación: 10 min
tiempo de cocción: 20 min
dificultad: media

• Se calienta 1/2 litro de agua con dos escalonias cortadas en rodajas y se cuece ligeramente el pollo.
• Se deja enfriar el pollo en el caldo, luego se escurre y se reduce el caldo.
• Se secan los trozos de pollo y se bañan con el aceite de sésamo. Se disponen en una fuente.
• Se calienta el aceite vegetal en una sartén y se añaden el jengibre y la otra escalonia. Se saltea todo durante 30 segundos.
• Se añaden la salsa de soja, el azúcar, el sake, el caldo y la sal. Se mezcla bien y, en cuanto hierve la salsa, se vierte sobre el pollo y se sirve.

POLLO CON ALMENDRAS Y BAMBÚ

250 g de pechuga de pollo deshuesada
70 g de bambú en conserva
70 g de almendras peladas
30 g de cebolla
2 cucharadas de caldo
3 cucharadas de aceite de soja
1 cucharadita de sal
1 cucharada de harina
1 rodaja de jengibre fresco
1 cucharada de sake
1 cucharadita de maicena
pimienta

calorías por persona: 230 aprox.
preparación: 10 min
tiempo de cocción: 3 min
dificultad: media

- Se corta la pechuga de pollo en cubos de unos 3 cm de lado.
- Se mezclan la sal y la harina, y se pasan los cubos de pollo por la mezcla.
- Se corta el bambú en cuadrados del mismo tamaño.
- Se saltean rápidamente en la sartén las almendras en una cucharada de aceite de soja, hasta que estén bien doradas. Se reservan.
- Se disuelve la maicena en el caldo frío y el sake. Se añade pimienta.
- Se calienta bien el resto del aceite en la sartén y se saltean durante 30 segundos la cebolla y el jengibre picados. Luego se añade el pollo y el bambú. Se mezcla y se cuece durante un minuto.
- Se añade la mezcla de maicena y se remueve de nuevo 30 segundos. Se añaden las almendras. Se cuece todo sin dejar de remover durante 30 segundos más y se sirve muy caliente.

POLLO CON CHAMPIÑONES

500 g de pechuga de pollo deshuesada
200 g de champiñones
40 g de algas wakame remojadas en agua
50 g de bambú en conserva
2 cucharadas de sake
1/2 cucharadita de sal
1 pizca de levadura
pimienta
1/2 puerro
3 cucharadas de aceite de soja
1 rodaja de jengibre fresco

PARA LA SALSA

4 cucharadas de caldo
1 buena pizca de sal
1 cucharadita de azúcar
1 cucharada de sake
1 cucharada de maicena

calorías por persona: 220 aprox.
preparación: 10 min
tiempo de cocción: 10 min
dificultad: media

• Se cortan por separado en tiras finas la pechuga de pollo, el *wakame*, el puerro y el bambú.

• Se prepara un adobo con la sal, el sake, la levadura y una pizca de pimienta, y se sumerge el pollo en él durante 10 minutos.

• Se calienta bien el aceite en el wok, se echan los champiñones y el bambú y se saltean durante 2 minutos y medio.

• Luego se colocan en una fuente caliente y se deja el aceite en la sartén.

• Se saltea el pollo a fuego vivo removiendo durante 2 minutos, y luego se pone en la fuente.

• Se disuelve la maicena en un poco de agua fría y se mezcla con los demás ingredientes de la salsa.

• Se vuelve a calentar el aceite y se saltea el jengibre picado junto con el puerro durante 30 segundos.

• Se añade la salsa y se mezcla de nuevo.

• Se incorporan el pollo, el bambú y los champiñones.

• Se cuece a fuego medio durante 2 minutos más, sin dejar de remover, y se sirve muy caliente con arroz blanco.

POLLO CON PÉTALOS DE LIRIO

20 pétalos de lirio

2 pechugas de pollo

1 clara de huevo

1 cucharadita de sal

1 cucharadita de fécula

4 cucharadas de aceite vegetal

1 cucharada de sake

calorías por persona: 200 aprox.

preparación: 10 min

tiempo de cocción: 5 min

dificultad: media

• Se ponen los pétalos de lirio en remojo en agua templada.

• Se cortan las pechugas de pollo en tiras finas y a continuación se mezclan con la clara de huevo, la fécula y la sal.

• Se calienta el aceite en una sartén y se saltea el pollo durante un minuto y medio.

• Se añaden los pétalos de lirio, se mezcla, se baña con el sake, se vuelve a mezclar y se sirve.

POLLO SALTEADO CON APIO

250 g de pechugas de pollo
3 champiñones
2 ramas de apio
1 pimiento rojo
1 cucharadita de jengibre molido
2 cebollas
1 clara de huevo
2 cucharadas de maicena
3 cucharadas de salsa de soja
5 cucharadas de aceite de cacahuete
1/2 cucharadita de sal
cilantro fresco o perejil

calorías por persona:	130 aprox.
preparación:	10 min
tiempo de cocción:	10 min
dificultad:	media

• Se limpian y se lavan los champiñones y el apio, y se cortan finos.

• Se lava el pimiento y se le quita el pedúnculo, las semillas y la parte blanca. Se corta en láminas y luego en rombos.

• Se pelan las cebollas y se pican gruesas.

• Se cortan las pechugas de pollo en dados y se salan.

• Se bate la clara de huevo y se sumergen los dados de pollo antes de pasarlos por la maicena.

• Se saltean por todos lados en el aceite caliente en una sartén de fondo grueso, se escurren y se reservan.

• Se sube el fuego de la sartén, se echa la picada de cebollas, el jengibre, los champiñones, el pimiento y el apio, y se cuece durante 3 minutos sin dejar de remover.

• Se devuelve el pollo a la sartén. Se baña con la salsa de soja, se añade la maicena desleída en una cucharada de agua fría y se mezcla a fuego lento hasta que espese la salsa.

• Se sirve en cuencos individuales y se decora con cilantro o perejil.

RAVIOLIS AL VAPOR

PARA LA PASTA

250 g de harina

1/2 cucharadita de sal

PARA EL RELLENO

1 puerro

200 g de solomillo de cerdo
picado

1 diente de ajo

1 cucharada de salsa de soja

1 clara de huevo

4 cucharadas de aceite de
sésamo

PARA LA SALSA

4 cucharadas de salsa de soja

2 cucharadas de vinagre

1 punta de pasta de guindilla

1 diente de ajo

calorías por persona: 320 aprox.

preparación: 25 min

tiempo de cocción: 20 min

dificultad: mucha

• Se tamiza la harina con la sal, se forma un hueco en el centro y se vierten en él 15 cl de agua templada. Se amasa la pasta hasta que esté lisa. Se forma una bola y se deja reposar durante 30 minutos.

• Mientras tanto, se prepara el relleno: se limpia el puerro y se eliminan las hojas verdes y duras. Se pica fino. Se sofríe suavemente 4 o 5 minutos en dos cucharadas de aceite con el diente de ajo picado. Se retira y se sustituye por el solomillo de cerdo picado. Se cuece 2 o 3 minutos. Se deja enfriar.

• Se mezcla el puerro con la carne, la clara de huevo, la salsa de soja y una cucharada de aceite de sésamo.

• Se extiende finamente la masa y se recortan unos discos de 8 o 9 cm de diámetro. A continuación, se reparte el relleno en el centro de cada disco de masa y se forman unas bolsitas.

• Se cuecen los raviolis al vapor durante unos 20 minutos.

• Se prepara la salsa mezclando la salsa de soja, el vinagre, el ajo machacado y la pasta de guindilla.

• Se sirven los raviolis calientes, con la salsa aparte.

RAVIOLIS DE CARNE

PARA LA PASTA

250 g de harina
1 cucharadita de levadura en polvo
1/2 cucharadita de sal
2 yemas de huevo
18 cl de agua templada

PARA EL RELLENO

3 hojas medianas de col y 3 más para la cocción
250 g de carne magra de cerdo picada
1 cebolla tierna picada fina
1/2 diente de ajo
1 cucharada de salsa de soja clara
2 láminas de raíz de jengibre fresco picadas
2 cucharaditas de aceite de sésamo
1 cucharadita de azúcar
pimienta negra molida gruesa
1 cucharada de maicena

PARA ACOMPAÑAR

1 rodaja de jengibre fresco
vinagre rojo chino

calorías por persona: 350 aprox.
preparación: 20 min
tiempo de cocción: 25 min
dificultad: media

• Se echa la harina con la levadura y la sal en un recipiente. Se mezcla y se forma un hueco en el centro.

• Se baten las yemas de huevo con el agua, se vierten poco a poco en el hueco de la masa y se mezclan bien todos los ingredientes.

• Se trabaja la masa a mano en la superficie de trabajo.

• Se cubre con un paño húmedo y se deja reposar.

• Se escaldan rápidamente las hojas de col y se pican.

• Se mezclan todos los ingredientes del relleno añadiendo un poco de agua fría, hasta obtener una pasta flexible y homogénea. Se divide el relleno en 24 partes del mismo tamaño.

• Se divide también la masa en 24 trozos iguales, que se extenderán con el rodillo formando discos de unos 12 cm de diámetro.

• Se dispone sobre cada disco una parte de relleno y se cierran bien los raviolis llevando los bordes hacia arriba y aplastándolos bien.

• Se escaldan un instante las demás hojas de col, se colocan en el cesto para la cocción al vapor y se disponen los raviolis encima.

• Se cuecen al vapor durante unos 20 minutos.

• Se desmenuza una rodaja de jengibre fresco y se mezcla con el vinagre.

• Se sirven los raviolis en la cesta de cocción con la salsa aparte.

RAVIOLIS DE COL

PARA LA PASTA

250 g de harina
1 cucharadita de levadura en polvo
1/2 cucharadita de sal
2 yemas de huevo
18 cl de agua templada

PARA EL RELLENO

250 g de hojas de col china
1 cebolla tierna picada fina
1/2 diente de ajo
1 cucharada de salsa de soja
2 cucharaditas de aceite de sésamo
1 cucharadita de azúcar
pimienta negra molida gruesa
1 cucharada de maicena

PARA ACOMPAÑAR

3 o 4 láminas de raíz de jengibre
vinagre rojo chino

calorías por persona: 300 aprox.
preparación: 20 min
tiempo de cocción: 25 min
dificultad: media

• Se echa la harina con la levadura y la sal en un recipiente, se mezcla y se forma un hueco en el centro.

• Se baten las yemas de huevo con el agua y se vierten poco a poco en el centro del recipiente. Se mezclan cuidadosamente todos los ingredientes.

• Se trabaja la masa a mano en la superficie de trabajo.

• Se cubre la masa con un paño húmedo y se deja reposar.

• Se escaldan rápidamente las hojas de col, se reservan tres y se pican las demás.

• Se mezclan todos los ingredientes del relleno, añadiendo un poco de agua fría, hasta obtener una mezcla flexible y homogénea.

• Se divide el relleno en 24 partes iguales.

• Se divide también la masa en 24 trozos iguales, que se extenderán con el rodillo formando discos de unos 12 cm de diámetro.

• Se dispone sobre cada disco un poco de relleno y se cierran los raviolis juntando los bordes y aplastándolos bien.

• Se colocan las hojas de col en la cesta para la cocción al vapor y se disponen los raviolis encima.

• Se cuecen los raviolis durante unos 20 minutos.

• Se pica el jengibre y después se mezcla con el vinagre.

• Se sirven los raviolis en la cesta de cocción con la salsa aparte.

ARROZ AGRIDULCE

200 g de arroz
10 champiñones
200 g de langostinos pelados
2 huevos duros
100 g de judías verdes
120 g de vinagre de arroz más 3 cucharadas
7 cucharadas de azúcar
1 cucharada de sake
3 cucharadas de salsa de soja
sal

calorías por persona:	350 aprox.
preparación:	10 min
tiempo de cocción:	30 min
dificultad:	media

• Se pone el arroz en una cazuela, se cubre con ocho tazas de agua fría, se lleva rápidamente a ebullición, se baja el fuego y se cuece durante 15 minutos.

• Se mezcla el vinagre con cuatro cucharadas de azúcar y una cucharada y media de sal y se calienta a fuego lento para diluirlos.

• Se pone el arroz en una olla, a ser posible de barro, y se añade el vinagre.

• Se cortan los champiñones lavados en rodajas, se ponen en una cazuela cubriéndolos con agua caliente y se añaden dos cucharadas de azúcar, el sake y la salsa de soja.

• Se hierve durante 10 minutos.

• Se cuecen rápidamente en agua los langostinos.

• Se prepara un adobo con tres cucharadas de vinagre, una de azúcar y una pizca de sal.

• Se sumergen en el adobo los langostinos durante 5 minutos.

• Se separan las claras de las yemas de los huevos duros y se pican por separado.

• Se cuecen las judías en agua hirviendo salada y se escurren.

• Se mezcla el arroz con los champiñones y los langostinos y se pone en la fuente de servir.

• Se decora la superficie con las claras y las yemas de huevo duro, se cubre con las judías y se sirve.

ARROZ BLANCO

200 g de arroz

calorías por persona: 180 aprox.
preparación: 3 min
tiempo de cocción: 15 min
dificultad: ninguna

• Se pone el arroz en un cuenco y se calcula la misma cantidad de agua.

• Se echan el agua y el arroz en una cazuela pesada; se lleva a ebullición y se cuece a fuego vivo hasta que se haya evaporado casi toda el agua. Se mezcla, se tapa herméticamente y se deja reposar durante 20 minutos.

• El arroz cocido de esta forma puede conservarse en la nevera durante 4 o 5 días y calentarse en el momento de utilizarlo en un poco de agua caliente o saltearlo en aceite.

ARROZ CANTONÉS

200 g de arroz
1 puerro picado
2 huevos batidos como para tortilla
4 cucharadas de aceite de soja
150 g de cangrejo de mar en conserva
200 g de guisantes congelados
1 cucharadita de sal
1 pizca de pimienta blanca

calorías por persona: 350 aprox.
preparación: 5 min
tiempo de cocción: 15 min
dificultad: media

• Se hierve el arroz durante 8 minutos en agua salada.

• Se escurre y se deja enfriar por completo.

• Se saltea el puerro picado en el aceite durante 30 segundos y, removiendo, se añaden los huevos batidos.

• Se añade el arroz frío y se saltea removiendo, durante 3 minutos.

• Se incorporan el cangrejo desmenuzado y los guisantes descongelados a temperatura ambiente.

• A continuación, se salpimienta y se cuece, sin dejar de remover, durante 3 minutos.

• Se sirve muy caliente, desgranando perfectamente el arroz.

ARROZ FRITO CON CERDO

350 g de arroz hervido
3 huevos
4 escalonias
100 g de carne de cerdo ya cocida cortada en dados
2 cucharadas de salsa de soja
1 puñado de perejil
1 cucharada de aceite vegetal
sal y pimienta negra

calorías por persona:	380 aprox.
preparación:	10 min
tiempo de cocción:	5 min
dificultad:	media

• Se saltea deprisa el arroz en el aceite. Luego se añaden las escalonias picadas, la pimienta y la carne de cerdo, se sala y se mezcla.

• Se forma un hueco en el centro del arroz y se vierten dentro los huevos batidos. Se deja que empiecen a cuajar antes de mezclarlos con el arroz.

• Se añaden las hojas de perejil mojadas en la salsa de soja, se mezcla de nuevo y se sirve.

ARROZ FRITO ESPECIAL

250 g de arroz hervido

1 pimiento rojo

2 láminas de raíz de jengibre
fresco

2 escalonias

1 puñado de perejil

4 lonchas de jamón de York

2 lonchas de panceta

50 g de solomillo de ternera

3 huevos

1 trocito de ajo

1/2 cucharadita de maicena

1/2 cucharadita de azúcar

2 cucharadas de salsa de soja

5 cucharadas de aceite de soja

sal y pimienta

calorías por persona: *380 aprox.*

preparación: *10 min*

tiempo de cocción: *10 min*

dificultad: *media*

• Se corta la ternera en filetes muy finos, y el jamón y la panceta en dados; se pican el pimiento, el jengibre y el ajo, y se cortan finas las escalonias.

• Se mezcla el ajo, la maicena, la sal y la pimienta, el azúcar, una cucharada de salsa de soja y una de aceite, y se sumergen los filetes de ternera en esta mezcla.

• Se calienta una sartén y se vierte el resto del aceite. Ya caliente, se echan el jengibre y el pimiento, y se fríen 1 minuto. Se añade luego el arroz y se vuelve a mezclar calentándolo.

• Se forma un pequeño hueco en el centro del arroz y se meten la panceta, el jamón y las escalonias. Se fríen durante un minuto y se mezclan con el arroz.

• Se vuelve a formar un hueco en el centro para colocar en él los filetes de ternera con la salsa, se cuece un minuto y se añade a continuación el perejil en hojas. Un minuto después, se mezcla todo.

• Se forma de nuevo un hueco en el centro del arroz para verter los huevos batidos; se cuecen, aunque no demasiado, y se mezclan con el arroz.

• Se baña con una cucharada de salsa de soja, se mezcla bien y se sirve.

ARROZ SALTEADO CON CANGREJO DE MAR

200 g de arroz
1 vaso de agua
3 huevos batidos
1 lata de cangrejo de mar
1 cebolla picada
unas lonchas de jamón de York picadas finas
3 cucharadas de aceite de sésamo
sal y pimienta

calorías por persona:	280 aprox.
preparación:	5 min
tiempo de cocción:	15 min
dificultad:	media

• Se cuece el arroz durante 8 minutos en el agua hirviendo y se escurre.

• Se vuelve a poner el arroz al fuego, se añaden los huevos bien batidos y se mezcla.

• Se prosigue la cocción removiendo y añadiendo uno tras otro la cebolla picada, el aceite, la carne de cangrejo, el agua vertida poco a poco, el jamón, la sal y la pimienta.

ARROZ SALTEADO CON VERDURAS

24 castañas de agua en conserva
10 champiñones
300 g de arroz hervido durante sólo 10 minutos
6 ramas de apio
1 cebolla
1 cucharada de aceite de soja
1 cucharada de salsa de soja
sal

calorías por persona:	400 aprox.
preparación:	5 min
tiempo de cocción:	15 min
dificultad:	media

• Se pican la cebolla, las castañas de agua, las ramas de apio y los champiñones, todo muy fino.

• Se saltea la cebolla en el aceite caliente. Se añade el arroz y se fríe durante 5 minutos sin dejar de remover.

• Se incorporan todas las verduras y se cuecen durante 10 minutos más.

• Se añade la salsa de soja, se vuelve a mezclar, se sala y se sirve.

RIÑONES EN SALSA AGRIDULCE

4 riñones de cerdo
3 cucharadas de salsa de soja
1 cucharada de vinagre de arroz
2 cucharaditas de azúcar
1 cucharadita de fécula
2 cebolletas
2 láminas de raíz de jengibre fresco
4 cucharadas de aceite de soja
sal

calorías por persona:	200 aprox.
preparación:	35 min
tiempo de cocción:	1 min
dificultad:	ninguna

• Se limpian los riñones, se cortan en filetes y se ponen en un colador durante 30 minutos con un poco de sal. Transcurrido ese tiempo, se aclaran.

• Se calienta el aceite en una sartén a fuego vivo y se echan, uno tras otro y sin dejar de remover, la fécula, la salsa de soja, el vinagre, el azúcar, las cebolletas y el jengibre picado.

• Se cuece 15 segundos, se echan también los filetes de riñón en la sartén, se saltean removiendo durante 15 segundos más y se sirven.

ROLLITOS DE ARROZ CON TIRABEQUES

250 g de tirabeques
2 zanahorias
1 diente de ajo
1 cebolla
150 g de arroz
1 cucharada de aceite de oliva
1 cucharada de salsa de soja
1 pizca de pimienta de Cayena molida
4 hojas de nori
sal

calorías por persona: 180 aprox.

preparación: 20 min

tiempo de cocción: 15 min

dificultad: mucha

- Se lavan los tirabeques y las zanahorias.
- Se despuntan los tirabeques y se pelan las zanahorias.
- Se cortan las zanahorias a lo largo, en bastoncillos finos. Se cuecen las verduras al vapor, 10 minutos en la olla a presión, con un diente de ajo aplastado.
- Se pela y se pica la cebolla. Se dora en una olla con un fondo de aceite de oliva. Se añade el arroz y se cubre con agua salada. Se cuece hasta obtener una consistencia pastosa.
- Se aromatiza el arroz con pimienta de Cayena y salsa de soja. Se mezcla.
- Se extiende una hoja de papel de aluminio. Se deposita encima una hoja de nori previamente pasada por la llama del quemador. Se extiende sobre ella el arroz.
- Se añaden los bastoncillos de zanahoria y los tirabeques, que se dispondrán a lo largo. Se enrollan las hojas de nori con el papel de aluminio a fin de obtener un rollo bien apretado y denso.
- Se dejan enfriar y luego se retira el papel de aluminio.
- Se cortan en rodajas y se sirven acompañados de un cuenco de salsa de soja.

ROLLITOS AL VAPOR

250 g de harina de arroz
100 g de fécula
1 cebolla picada
200 g de carne de cerdo picada
100 g de gambas picadas
50 g de setas negras
2 cucharadas de harina blanca
2 cucharadas de aceite vegetal

calorías por persona: 200 aprox.
preparación: 20 min
tiempo de cocción: 10 min
dificultad: mucha

• Se ponen las setas en remojo en agua tibia y luego se pican finas.

• Se deslíe la harina de arroz en un poco de agua fría y se añaden 25 cl de agua hirviendo. Se tapa durante 5 minutos y se retira el agua.

• Se añaden la fécula y la harina blanca, se mezcla de nuevo hasta obtener una masa homogénea y se preparan unas tortitas de 12 cm de diámetro.

• Se sofríe la cebolla picada en el aceite, se añaden la carne, las gambas y las setas, y se mezcla bien.

• Se rellena cada tortita con una cucharadita de mezcla y se enrollan.

• Se cuecen los rollitos al vapor y se sirven sobre un lecho de brotes de soja ligeramente cocidos y rodeados de cebollas asadas al horno.

ROLLITOS DE HOJAS DE COL

8 hojas de col china
120 g de pechuga de pollo
120 g de jamón de York graso
1/2 cucharadita de sal
1 cucharadita de sake
1 cucharadita de maicena
pimienta blanca
1 cucharada de aceite vegetal

PARA LA SALSA

25 cl de caldo
1/2 cucharadita de sal
1 cucharadita de sake
1 cucharada de maicena
un poco de jengibre rallado

calorías por persona:	200 aprox.
preparación:	25 min
tiempo de cocción:	30 min
dificultad:	mucha

• Se pica la pechuga de pollo con el jamón, se añaden la sal, el sake y pimienta blanca, y se mezcla todo.

• Se limpian y se lavan las hojas de col y se escaldan durante 30 segundos.

• Se extienden sobre un paño y se les quita la nervadura central.

• A continuación, se disponen de forma que se superpongan ligeramente de dos en dos.

• Se espolvorean con maicena y luego se recubren con una capa regular y más bien gruesa de relleno.

• Se enrolla cada hoja sobre sí misma, a fin de obtener dos largos rollos.

• Se unta una fuente ovalada con un poco de aceite, se disponen los rollitos encima y se cuecen al vapor durante 30 minutos.

• Para preparar la salsa, se lleva el caldo a ebullición con todos los demás ingredientes y con la maicena desleída en un poco de agua fría.

• Se cuece a fuego lento durante unos 2 minutos hasta que espese la salsa.

• Se cortan los rollitos en trozos de 2 cm y se sirven tibios con la salsa bien caliente.

ROLLITOS DE PRIMAVERA

4 hojas de arroz
20 dados de cerdo hervido
12 gambas peladas
100 g de fideos de arroz
8 briznas de cebollino
4 hojas de lechuga
100 g de brotes de soja
menta
cilantro
aceite para freír

calorías por persona: 200 aprox.
preparación: 15 min
tiempo de cocción: 10 min
dificultad: media

• Se ponen las hojas de arroz en remojo en agua tibia y luego se extienden sobre un paño húmedo.
• Sobre cada hoja de arroz se ponen una hoja de lechuga, unas hojas de menta y de cilantro, dos briznas de cebollino y unos brotes de soja.
• Junto al cebollino, se ponen unos fideos de arroz, unos dados de cerdo y tres gambas.
• Se doblan los bordes delicadamente hacia dentro y se enrolla la hoja sobre sí misma.
• Se pone al fuego una sartén con una gran cantidad de aceite. Cuando esté caliente, se fríen los rollitos y se sirven.

ROLLITOS DE PRIMAVERA CON CERDO

100 g de carne de cerdo en tiras finas
50 g de cacahuetes tostados y picados
1 diente de ajo picado
1 trocito de cebolla picado
4 hojas de arroz
2 cucharadas de aceite vegetal
aceite para freír

calorías por persona: 250 aprox.
preparación: 5 min
tiempo de cocción: 5 min
dificultad: media

• Se ponen las hojas de arroz en remojo en agua tibia y luego se extienden sobre un paño húmedo.
• Se sofríen la carne de cerdo, el ajo y la cebolla en el aceite vegetal durante unos minutos. Se añaden los cacahuetes.
• Se pone en cada hoja de arroz un poco de relleno, se enrolla sobre sí misma formando un rollito y se fríe en una gran cantidad de aceite bien caliente. Se sirve.

ROLLITOS DE PRIMAVERA VEGETARIANOS

200 g de tofu
200 g de acelgas
100 g de tortitas de arroz tostasdas y picadas
4 hojas de arroz
hierbas aromáticas
aceite para freír
sal y pimienta

calorías por persona: 200 aprox.
preparación: 10 min
tiempo de cocción: 10 min
dificultad: media

- Se dora el tofu y se corta en tiras.
- Se pican las acelgas, se escaldan y se escurren. Se salpimientan.
- Se ponen en remojo las tortitas de arroz tostadas; se salpimientan.
- Se ponen en remojo las hojas de arroz en agua templada y, a continuación, se colocan sobre un paño húmedo.
- Se rellena cada hoja con una parte del relleno añadiendo hierbas aromáticas.
- Se enrolla cada hoja sobre sí misma y se fríen en una gran cantidad de aceite bien caliente.
- Se sirven con soja picante como acompañamiento.

ROLLITOS RELLENOS DE COL

150 g de cerdo o pollo picado
50 g de fideos chinos
100 g de brotes de soja
50 g de setas negras fileteadas
100 g de gambas
1 cebolla picada fina
1 diente de ajo picado
1 huevo
12 hojas de col china
12 hojas de arroz
sal y pimienta
aceite para freír

calorías por persona: 200 aprox.
preparación: 10 min
tiempo de cocción: 5 min
dificultad: media

- Se escaldan los fideos y se cortan finos.
- Se cortan los brotes de soja en trozos de medio centímetro.
- Se prepara el relleno mezclando los fideos y los brotes de soja con el resto de ingredientes, excepto las hojas de arroz.
- Se ponen en remojo las hojas en agua templada y se disponen sobre un paño húmedo, de una en una.
- Se pone sobre cada hoja de arroz una cucharadita de relleno y se enrolla con delicadeza sobre sí misma.
- Se fríen los rollitos de uno en uno, en una gran cantidad de aceite bien caliente; se escurren y se sirven.

ENSALADA CHOP SUEY

400 g de brotes de soja

6-8 setas chinas

2 tomates

1 lechuga pequeña

3 cucharadas de aceite

1 cucharadita de salsa de soja

calorías por persona: 120 aprox.

preparación: 25 min

tiempo de cocción: 5 min

dificultad: ninguna

• Se sumergen las setas en agua templada para ablandarlas. Se escurren. Se secan con papel absorbente.
• Se lavan y se secan los brotes de soja.
• Se calienta el aceite y se echan las setas y, luego, los brotes de soja. Se añade la salsa de soja y se cuece 5 minutos.
• Se corta fina la lechuga y los tomates en cuartos.
• Se pone todo en una ensaladera y se mezcla en el momento de servir.

ENSALADA DE ALGAS Y PEPINOS

30 g de algas wakame en conserva

75 g de vinagre de arroz

60 g de salsa de soja clara

3 cucharaditas de azúcar

3 pepinos

sal

calorías por persona: 60 aprox.

preparación: 5 min

tiempo de cocción: 3 min

dificultad: ninguna

• Se deja el alga en remojo en agua templada durante 30 minutos y se escurre.
• Se retiran las nervaduras, se aclara y se seca el alga antes de trocearla.
• Se llevan a ebullición removiendo el vinagre, la salsa de soja y el azúcar. Se deja enfriar.
• Se pelan los pepinos y se cortan en rodajas, se salan, se cubren con agua y se dejan reposar 15 minutos.
• Se escurren y se secan.
• En un cuenco, se mezcla el alga con los pepinos, se añade la salsa, se mezcla y se sirve.

ENSALADA DE COL CON GAMBAS

1 col china
200 g de gambas peladas
1 puñado de cilantro fresco
3 cucharadas de aceite de sésamo
el zumo de 1 limón
1 cucharada de cacahuetes tostados y machacados
sal y pimienta

calorías por persona: 120 aprox.

preparación: 10 min

tiempo de cocción: –

dificultad: ninguna

- Se lava la col entera. Se corta en cuartos. Se pica con un robot de cocina y se echa en una ensaladera grande.
- Para preparar la salsa, se vierte el zumo de limón en un cuenco. Se incorporan el aceite de sésamo, sal y pimienta.
- Se aliña la col con la salsa y se prepara un lecho de ensalada de col en 4 platos. Se espolvorea con los cacahuetes.
- Se disponen las gambas sobre el lecho de ensalada de col. Se aromatiza con cilantro fresco picado grueso.
- Se sirve la ensalada fresca.

ENSALADA DE PEPINOS COCIDOS

1 pepino grande
1 cucharadita de sal
1 cucharada de aceite de sésamo
1 cebolla tierna picada fina
2 cucharadas de salsa de soja
2 cucharaditas de guindilla molida
1 cucharadita de azúcar
1 cucharada de semillas de sésamo tostadas y trituradas

calorías por persona: 95 aprox.

preparación: 5 min

tiempo de cocción: 3 min

dificultad: ninguna

- Se pela el pepino, se corta a lo largo retirando la parte central con las semillas y luego se corta en bastoncillos.
- Se disponen los bastoncillos en un colador y se salan.
- Al cabo de 10 minutos, se aclaran y secan.
- Se saltean los bastoncillos de pepino con la cebolla tierna en el aceite de sésamo, hasta que estén tiernos, y se añaden la salsa de soja, la guindilla y el azúcar.
- Se mezcla bien todo; se dispone en una fuente, se espolvorea con las semillas de sésamo y se deja enfriar un poco antes de servir.

ENSALADA DE MEDUSA

3 pepinos
6 zanahorias
2 nabos
250 g de brotes de soja
200 g de medusa seca en hojas
200 g de carne de cerdo
50 g de cacahuetes tostados y molidos
2 huevos
hojas de menta

PARA LA SALSA

3 cucharadas de aceite de soja
1 cucharada de azúcar
2 cucharadas de agua
5 cucharadas de vinagre de arroz
1 pizca de sal

calorías por persona:	150 aprox.
preparación:	5 min
tiempo de cocción:	15 min
dificultad:	ninguna

• Se limpian las verduras y se trocean.
• Se sumergen en agua hirviendo durante un cuarto de hora, se escurren y se aplastan ligeramente.
• Se corta la medusa en tiras muy finas, que se sumergen primero en agua templada y después se escaldan brevemente en agua hirviendo.
• Se hace una tortilla con los huevos y se pica.
• Se fríe la carne de cerdo con un poquito de aceite y se pica.
• Se prepara la salsa con los ingredientes indicados, mezclándolos cuidadosamente; a continuación, se vierte sobre la verdura y la medusa, y se añaden la carne y la tortilla.
• Se dispone todo en una fuente, se espolvorea con los cacahuetes picados y se decora con hojas de menta antes de servir.

ENSALADA DE PIEL DE POLLO

1 pollo
200 g de champiñones
1 pepino
1 cucharada de salsa de soja
2 cucharadas de aceite de sésamo
1 cucharada de sake
1 cucharada de vinagre rojo
4 cucharadas de mostaza molida
1 cucharadita de azúcar
sal

calorías por persona:	150 aprox.
preparación:	10 min
tiempo de cocción:	30 min
dificultad:	ninguna

• En una sartén, se cubre el pollo con agua fría, se tapa, se lleva a ebullición y se hierve durante 20 minutos.

• Una vez transcurrido ese tiempo, se apaga el fuego y se deja reposar el pollo durante 10 minutos.

• Se retira el pollo y se pasa bajo un chorro de agua fría. Se retira la piel sin romperla y se conserva la carne para otros platos. Se pica la piel.

• En una cazuela, se hierven los champiñones limpios con dos vasos de agua, a fuego lento, 10 minutos aproximadamente. Se escurren, se secan y se cortan en trozos menudos.

• Se corta el pepino por la mitad a lo largo, desechando las puntas, y, mediante una cucharilla, se retiran las semillas. A continuación, se cortan las dos mitades en rodajas.

• Se disponen las rodajas de pepino en el centro de la fuente de servir y se rodean con la piel de pollo y los champiñones.

• Se mezclan la salsa de soja, el aceite de sésamo, el sake, el vinagre, la mostaza, el azúcar y sal; se amalgama bien, se vierte sobre la fuente y se sirve.

ENSALADA AGRIDULCE

1 lechuga rizada
1 zanahoria grande
3 tomates
3 cucharadas de aceite
1 cucharada de maicena
15 cl de caldo
2 cucharadas de salsa de soja
1 cucharadita de sal
1 cucharadita de azúcar
2 cucharadas de vinagre de manzana
2 cucharadas de vino blanco seco

calorías por persona:	100 aprox.
preparación:	15 min
tiempo de cocción:	8 min
dificultad:	ninguna

• Se pela y ralla la zanahoria, se pican los tomates.

• En una sartén se saltean a fuego medio estas verduras con el aceite durante 3 minutos sin dejar de remover.

• Se deslíe la maicena con el caldo, se añaden la salsa de soja, la sal, el azúcar y el vinagre, y se vierte este preparado encima de las verduras. Se hierve suavemente la salsa dándole vueltas hasta que espese, y luego se cuece 5 minutos a fuego lento.

• Se lava y se escurre la lechuga. Se corta en tiras, que se bañan con el vino blanco, se les da la vuelta y se recubren con la salsa de verduras.

SALSA AGRIDULCE

1,5 cucharada de ketchup
2 cucharadas de azúcar
2 cucharadas de vinagre de arroz
2 cucharadas de salsa de soja
1,5 cucharada de sake
1 cucharada de maicena desleída en 1 vaso de agua fría

calorías por persona:	60 aprox.
preparación:	1 min
tiempo de cocción:	3 min
dificultad:	ninguna

• Se echan todos los ingredientes en una cazuela removiendo y se deja que la salsa espese ligeramente a fuego lento durante 2 minutos, añadiendo un poco de agua caliente si es necesario.

SALSA AGRIDULCE PARA PESCADO

1/2 vaso de vinagre de arroz
2 cucharaditas de maicena
1/2 vaso de agua
2 dientes de ajo
1 cucharada de salsa hoi sin
4 cucharaditas de azúcar
1 cucharadita de aceite de soja
1 cucharadita de sal

calorías por persona:	80 aprox.
preparación:	2 min
tiempo de cocción:	3 min
dificultad:	ninguna

• Se doran en el aceite los dientes de ajo machacados.
• Se deslíe la maicena en el agua fría y se incorpora, con todos los demás ingredientes, al ajo dorado.
• Se deja que espese la salsa ligeramente a fuego lento.

SALSA PICANTE DE TOMATE

4 tomates
2 guindillas verdes
3 cebollas
2 cucharadas de azúcar
1 cucharada de salsa de soja
1 cucharada de maicena
1/2 vaso de agua fría
3 cucharadas de aceite de soja
sal

calorías por persona:	80 aprox.
preparación:	5 min
tiempo de cocción:	8 min
dificultad:	media

• Se deslíe la maicena en el agua fría y se añaden el azúcar y la salsa de soja.
• Se cortan las cebollas en cuatro y se pelan.
• Se quitan las semillas a las guindillas y se pican.
• Se trocean los tomates.
• Se calienta el aceite y se fríen las cebollas. Se añaden los tomates troceados, las guindillas y la salsa preparada.
• Se mezcla todo, se sazona y se cuece a fuego lento durante 5 minutos dándole vueltas de vez en cuando.

SALSA PARA PARRILLADAS

1/2 cucharadita de salsa picante
1/2 diente de ajo
1/2 cucharadita de azúcar
2 cucharadas de salsa de soja
2 cucharadas de salsa hoi sin
1 cucharadita de sal

calorías por persona: 40 aprox.
preparación: 2 min
tiempo de cocción: –
dificultad: ninguna

• Se pica el ajo lo más fino posible y se mezcla con los demás ingredientes.
• Se frota la carne con esta mezcla antes de ponerla a asar.

SEPIAS SALTEADAS CON APIO

800 g de sepias limpias
10 ramas de apio
1 cebolla
1 diente de ajo
un poco de harina
1 cucharada de aceite de soja
1 l de caldo vegetal
sal

calorías por persona: 130 aprox.
preparación: 3 min
tiempo de cocción: 35 min
dificultad: ninguna

• Se cortan las sepias en tiras longitudinales de 0,5 x 2 cm.
• Se saltean en el aceite la cebolla y el ajo picados. Se añaden las sepias y se rehogan.
• Se espolvorea con harina y se mezcla.
• Se baña con el caldo vegetal.
• Se lleva a ebullición y cuando las sepias están medio cocidas se añaden las ramas de apio cortadas en tiras oblicuas.
• Se sala y se sirve bien caliente.

Para la cocción en horno microondas
• Se ponen todos los ingredientes en un recipiente adecuado y se tapa.
• Se cuece a la máxima intensidad durante 10 minutos.

SOPA DE ABALONES

50 g de carne magra de cerdo
5 ramas de apio
6 champiñones
1/2 lata de abalones (100 g)
2 lonchas de jamón ahumado
2 láminas de raíz de jengibre fresco
1,5 l de agua
1 cucharadita de maicena
1/2 cucharadita de azúcar
1/2 cucharadita de pimienta negra molida
1 cucharada de salsa de soja
1 cucharada de aceite vegetal
sal

calorías por persona: 160 aprox.
preparación: 10 min
tiempo de cocción: 18 min
dificultad: media

• Se corta la carne de cerdo en filetes y se mezcla con el aceite, la maicena, la salsa de soja, el azúcar y la pimienta.
• Se cortan en rodajas el apio y los champiñones bien limpios.
• Se cortan en tiras finas los abalones y las lonchas de jamón.
• Se saltea el jengibre en una cazuela con muy poco aceite durante menos de un minuto, se sala y se añade el agua hirviendo.
• Se vuelve a llevar a ebullición y se añade la mezcla a base de carne.
• Se tapa y se cuece durante 10 minutos, se añaden los abalones y el jamón, se cuece 5 minutos más y se sirve.

SOPA DE COL

1 col
50 g de carne magra de cerdo picada
1 l de agua
2 láminas de raíz de jengibre fresco
1/2 cucharadita de maicena
2 cucharaditas de salsa de soja
1/2 cucharadita de azúcar
1 cucharada de aceite de sésamo
sal y pimienta

calorías por persona:	100 aprox.
preparación:	10 min
tiempo de cocción:	25 min
dificultad:	ninguna

• Se limpia la col y se corta en tiras pequeñas.
• Se sofríe el jengibre con un poco de sal en la mitad del aceite durante menos de un minuto.
• En una olla se echan el jengibre, un litro de agua hirviendo y la col, se tapa y se cuece a fuego lento durante 10 minutos.
• Mientras tanto, se mezcla la carne picada con el azúcar, una pizca de pimienta, la salsa de soja, la maicena y el resto del aceite.
• Se mezcla todo bien y se echa en la olla, con el caldo, se añade una pizca de sal y se cuece un cuarto de hora más, con tapa.
• Se sirve bien caliente, de inmediato.

SOPA DE CANGREJO DE MAR

1 cangrejo de mar
200 g de brotes de bambú
500 g de caldo de gallina
10 setas secas
3 cucharadas de sake
1 cucharadita de azúcar
1 cucharadita de harina
2 cucharadas de aceite de oliva virgen extra
sal

calorías por persona:	160 aprox.
preparación:	10 min
tiempo de cocción:	15 min
dificultad:	media

• Se ponen las setas en remojo en agua fría, se escurren y se cortan en rodajas.
• Se hierve el cangrejo, se extrae la carne y se pica.
• Se cuecen rápidamente los brotes de bambú en agua.
• Se lleva a ebullición el caldo de gallina y se cuecen en él las setas durante 4 minutos.
• Se añaden el sake, el azúcar, una pizca de sal y la carne de cangrejo.
• Se baja el fuego y se añade poco a poco la harina, removiendo para evitar los grumos.
• Se cuece a fuego lento durante unos minutos, se decora con brotes de bambú, se riega con el aceite y se sirve.

SOPA DE BERROS

400 g de berros
1 l de agua
100 g de carne magra de cerdo
1 cucharada de salsa de soja
2 láminas de raíz de jengibre fresco
1 cucharadita de maicena
1 cucharada de aceite vegetal
1/2 cucharada de azúcar
1/2 cucharadita de pimienta molida
sal

calorías por persona: *120 aprox.*
preparación: *5 min*
tiempo de cocción: *30 min*
dificultad: *ninguna*

• En una cazuela, se saltea el jengibre en la mitad del aceite durante menos de un minuto.
• Se sala, se añade un buen litro de agua hirviendo, se lleva a ebullición y se añaden los berros lavados. Se cuece durante 15 minutos.
• Mientras tanto, se mezcla la carne cortada en trozos finos con la maicena, el azúcar, la pimienta, la salsa de soja y el resto del aceite.
• Se echa la mezcla en la sopa, se cuece 15 minutos más y se sirve bien caliente.

SOPA DE ALETAS DE TIBURÓN

1 bolsita de aletas de tiburón
1 cangrejo de mar
200 g de brotes de bambú
500 g de caldo de gallina
10 setas secas
3 cucharadas de sake
1 cucharadita de azúcar
1 cucharadita de harina blanca
2 cucharadas de aceite vegetal
sal

calorías por persona: *150 aprox.*
preparación: *15 min*
tiempo de cocción: *1 h*
dificultad: *media*

• Se ablandan las setas en agua fría y después se escurren.
• Se cuecen rápidamente las aletas de tiburón en agua, hasta que estén bastante tiernas. Se quitan la piel, las impurezas y los fragmentos óseos.
• Se cuecen los brotes de bambú y, por separado, el cangrejo, al que, a continuación, se le quitará la carne.
• Se hierve el caldo de gallina y se cuecen las setas durante 4 minutos.
• Se añaden la carne de cangrejo desmenuzada, el sake, el azúcar y las aletas de tiburón. Se sala.
• Se baja el fuego y se añade la harina, poco a poco, removiendo para evitar los grumos.
• Se cuece unos minutos más y luego se decora con los brotes de bambú, se riega con el aceite y se sirve.

SOPA DE ALBÓNDIGAS DE PESCADO

350 g de filetes de pescado blanco
12,5 cl de agua
1 cucharada de sake
2 láminas picadas de raíz de jengibre fresco
1 cebolla tierna picada
1 cucharadita de sal
1 clara de huevo
2 cucharaditas de aceite de sésamo
1 cucharadita de maicena
1 l de caldo de gallina o de pescado
2 cucharadas de chicharrones cortados en rodajas finas

calorías por persona: 140 aprox.
preparación: 10 min
tiempo de cocción: 5 min
dificultad: media

• Se rocía el pescado con el sake.
• Se ponen el jengibre y la cebolla tierna picada en una gasa y se presiona su jugo; se añade al pescado con el agua fría y la sal y se mezcla bien.
• Se añaden la clara de huevo, el aceite y la maicena, y se bate bien.
• Se pone a hervir una gran cantidad de agua y se echan bolas de la mezcla preparada.
• Se cuecen durante 2 minutos a partir del momento en que suban a la superficie y se escurren con una espumadera.
• Se lleva a ebullición el caldo de pescado o de gallina; se añaden los chicharrones y las albóndigas, se vuelve a llevar a ebullición y se sirve la sopa bien caliente.

SOPA DE GAMBAS

200 g de gambas peladas
200 g de brotes de bambú
500 g de caldo de gallina
10 setas secas
3 cucharadas de sake
1 cucharadita de azúcar
1 cucharadita de harina blanca
2 cucharadas de aceite vegetal
sal

calorías por persona: 150 aprox.
preparación: 5 min
tiempo de cocción: 10 min
dificultad: media

• Se remojan las setas en agua fría y después se escurren.
• Se cuecen en agua por separado y rápidamente los brotes de bambú y las gambas.
• Se pone a hervir el caldo de gallina y se cuecen en él las setas fileteadas durante 4 minutos.
• Se añaden el sake, el azúcar, una pizca de sal y las gambas.
• Se baja el fuego y se añade poco a poco la harina, removiendo para evitar los grumos.
• Se cuece a fuego lento durante unos minutos.
• Se decora con brotes de bambú y se riega con aceite antes de servir.

SOPA DE HABAS

150 g de habas
100 g de carne magra de cerdo
75 cl de caldo
1 cucharada de sake
sal y pimienta

calorías por persona: 200 aprox.
preparación: 15 min
tiempo de cocción: 1 h
dificultad: ninguna

• Se sumergen las habas en agua fría durante 2 horas.
• Se corta la carne en trozos menudos.
• Se lleva el caldo a ebullición, se echa la carne y se cuece un minuto.
• Se escurre la carne con una espumadera y se reserva caliente.
• Se añaden el sake y las habas escurridas al caldo, y se prosigue la cocción hasta que las habas estén cocidas pero aún firmes.
• Se devuelve la carne al caldo y se cuece 3 o 4 minutos más.
• Se salpimienta ligeramente y se sirve.

SOPA DE PUNTAS DE ESPÁRRAGO CON CANGREJO DE MAR

1 l de caldo de gallina
100 g de carne de cangrejo en conserva
1 caja pequeña de puntas de espárrago congeladas
2 cucharadas de fécula
2 huevos
hojas de cilantro
5 briznas de cebollino
2 lonchas de jamón de York
sal y pimienta

calorías por persona: 120 aprox.
preparación: 5 min
tiempo de cocción: 15 min
dificultad: ninguna

• Se echan en el caldo una pizca de sal, las puntas de espárrago en trozos pequeños, el cangrejo picado grueso y el jamón en dados.
• Se deslíe la fécula con un poco de agua fría y se añade al caldo con los huevos bien batidos mezclando cuidadosamente.
• Se añade pimienta y se sirve la sopa bien caliente en cuencos individuales, decorando la superficie con hojas de cilantro y cebollino picado.

SOPA DE FIDEOS

1 l de caldo de gallina
200 g de fideos chinos
70 g de carne magra de cerdo picada
1 cebolla pequeña
1 diente de ajo
1 tomate
1 cucharadita de salsa de soja
1 pizca de maicena
1 pizca de azúcar
1 cucharada de aceite de sésamo
sal y pimienta

calorías por persona: 240 aprox.
preparación: 5 min
tiempo de cocción: 20-30 min
dificultad: media

- Se escalda el tomate durante un minuto, se pela y se pica.
- Se mezclan la salsa de soja, la maicena, el azúcar, media cucharada de aceite, una pizca de pimienta y sal, una cucharada de agua fría y la carne.
- Se doran la cebolla y el ajo picados en el resto del aceite, con una pizca de sal, se añaden el caldo y el tomate, se tapa, se lleva a ebullición y se cuece a fuego lento durante 10 minutos aproximadamente.
- Se añaden la carne y su condimento; se tapa y se cuece 5 minutos más.
- Se añaden los fideos y se termina la cocción siempre a fuego lento durante 10-15 minutos. Se sirve.

SOPA DE ESPINACAS

350 g de espinacas
100 g de jamón de York magro
1 cebolla
1 l de caldo de gallina
1 cucharada de aceite de oliva virgen extra
sal y pimienta

calorías por persona: 150 aprox.
preparación: 2 min
tiempo de cocción: 5 min
dificultad: ninguna

- Se limpian y se lavan las espinacas. Se secan cuidadosamente. Se pican, aunque no demasiado.
- Se corta la cebolla en trozos muy finos y el jamón en lonchas delgadas.
- En una olla de barro, se estofa, a fuego lento, la cebolla en el aceite, sin dorarla.
- Se añaden las espinacas y se cuecen durante un minuto.
- Se vierte en la olla el caldo hirviendo y se cuece 2 minutos más.
- Se salpimienta ligeramente y se sirve después de echar el jamón por encima.

SOPA DE ESPINACAS CON HÍGADOS DE POLLO

150 g de hígados de pollo
300 g de espinacas
1 l de agua
1 cucharada de salsa de soja
1/2 cucharadita de maicena
1/2 cucharadita de azúcar
1 cucharada de aceite de oliva virgen extra
sal y pimienta

calorías por persona: 80 aprox.
preparación: 10 min
tiempo de cocción: 40 min
dificultad: ninguna

- Se limpian y lavan cuidadosamente las espinacas. Se pican, aunque no demasiado.
- Se limpian los hígados y después se cortan en lonchas.
- Se mezcla la salsa de soja con la maicena, el azúcar, el aceite y la pimienta; se añaden los hígados de pollo y se mezcla bien.
- Se pone la mezcla en una olla de barro con un litro de agua hirviendo, se tapa, se lleva a ebullición y se cuece a fuego medio durante unos 30 minutos.
- Se añaden las espinacas y se cuece 10 minutos más.
- Se sala ligeramente y se sirve bien caliente.

SOPA DE PATO CON CASTAÑAS DE AGUA

1/2 pato de unos 600 g
1 l de agua fría
1 cucharada de aceite vegetal
2 escalonias
1 diente de ajo
1 cucharadita de hojas de cilantro
1 pizca de cilantro molido
80 g de castañas de agua en conserva escurridas
1 cucharadita de salsa de pescado
sal
pimienta blanca
cilantro fresco

calorías por persona: 200 aprox.
preparación: 10 min
tiempo de cocción: 1 h aprox.
dificultad: media

• Se corta la carne de pato en dados y se pone en una cazuela con el agua. Se lleva a ebullición y se cuece a fuego lento unos 45 minutos, hasta que la carne esté hecha.

• En una sartén, se doran en el aceite las escalonias y el ajo picados, se añade el cilantro en hojas y el molido, y se rehoga.

• Se añaden a la sopa el condimento preparado y la salsa de pescado, se salpimienta y se cuece durante 10 minutos más.

• Se cortan en rodajas las castañas de agua, después se añaden a la sopa y se vuelve a llevar a ebullición.

• Se sirve la sopa decorando la superficie con cilantro fresco.

SOPA DE PATO CON FIDEOS

200 g de pechuga de pato
250 g de fideos de arroz
2 cucharadas de aceite vegetal
1/2 cebolla picada
1/2 cucharadita de azafrán
1 lata de brotes de bambú
2 cucharadas de salsa de soja
1 cucharada de zumo de limón
1 guindilla pequeña
sal y pimienta

calorías por persona: 280 aprox.
preparación: 15 min
tiempo de cocción: 45 min
dificultad: media

• Se dora la cebolla en el aceite y se añade la pechuga de pato cortada en dados.

• Se añaden los brotes de bambú cortados en tiras finas, la salsa de soja, sal y pimienta. Se vierten casi 2 litros de agua, se lleva a ebullición y se cuece a fuego lento durante unos 45 minutos. A media cocción se añade el azafrán.

• Mientras tanto, se escaldan los fideos y se reparten en cuencos individuales.

• Se vierten sobre los fideos el caldo hirviendo y la carne, y se sirve en seguida, aromatizando al gusto con guindilla y zumo de limón.

SOPA DE SETAS CON APIO

50 g de carne magra de cerdo
100 g de setas frescas
1 rama de apio
2 lonchas de jamón ahumado
2 cucharadas de salsa de soja
2 láminas de raíz de jengibre fresco
1/2 cucharada de maicena
1/2 cucharadita de azúcar
1 cucharada de aceite de sésamo
1 buen litro de caldo
sal y pimienta negra

calorías por persona: 120 aprox.
preparación: 5 min
tiempo de cocción: 25 min
dificultad: ninguna

• Se limpian las setas y se cortan en láminas.
• Se corta la carne de cerdo en filetes finos, el apio y el jamón en juliana, y el jengibre en láminas.
• Se mezcla la salsa de soja con el azúcar, una pizca de pimienta y la mitad del aceite.
• Se sumergen los filetes de carne en este preparado y se mezcla bien.
• Se saltea el jengibre con una pizca de sal y el resto del aceite durante 30 segundos.
• Se añade al caldo en ebullición la maicena diluida en un poco de caldo frío, las setas, el apio y la carne con su condimento.
• Se tapa, se lleva a ebullición y se cuece a fuego lento durante 20-25 minutos.
• Se añade el jamón, se cuece 2 minutos más y se sirve de inmediato, bien caliente.

Para la cocción en horno microondas
• Se ponen todos los ingredientes, excepto el jamón, en un recipiente y se tapa.
• Se cuece durante 15 minutos a la máxima intensidad.
• Se añade el jamón y se sirve.

SOPA DE SETAS CON ESPINACAS

250 g de setas
250 g de espinacas
1 cucharada de sake
1 l de agua
1/2 cucharada de salsa de soja
2 cucharadas de aceite de sésamo
1 pizca de sal
pimienta

calorías por persona: *100 aprox.*

preparación: *5 min*

tiempo de cocción: *35 min*

dificultad: *ninguna*

• Se limpian, se lavan y se cortan en tiras muy finas las setas y las espinacas.

• Se doran las setas en el aceite bien caliente. Se añaden las espinacas y un litro de agua.

• Se cuece a fuego lento durante 30 minutos aproximadamente.

• Se añaden el sake, la salsa de soja y una pizca de sal y de pimienta.

• Se cuece durante 3 o 4 minutos más y se sirve caliente.

Para la cocción en horno microondas

• Se ponen todos los ingredientes en un recipiente adecuado y se tapa.

• Se cuece a la máxima intensidad durante 18-20 minutos y se sirve.

SOPA DE LECHUGA CON PESCADO

1 cogollo de lechuga
100 g de filetes de pescado
1 l de agua
1 cucharada de salsa de soja
2 láminas de raíz de jengibre fresco
1 cucharadita de maicena
1/2 cucharadita de azúcar
1/2 cucharadita de pimienta molida
1 cucharada de aceite vegetal
sal

calorías por persona: *100 aprox.*

preparación: *5 min*

tiempo de cocción: *16-18 min*

dificultad: *ninguna*

• Se saltean las láminas de jengibre en la mitad del aceite durante menos de un minuto con una pizca de sal.

• Se añade un litro de agua hirviendo, se lleva a ebullición y se echa la lechuga lavada.

• Se cortan los filetes de pescado en tiras finas a lo ancho y se mezclan con la maicena, la salsa de soja, el azúcar, la pimienta y el resto del aceite.

• Se echa la mezcla en la sopa, se sala ligeramente y se cuece unos 10 minutos más antes de servir.

SOPA DE NIDOS DE GOLONDRINA

4 nidos de golondrina secos
1,5 l de caldo de gallina
1 pechuga de pollo
2 claras de huevo
1,5 cucharada de maicena
80 g de jamón ahumado
1 cucharadita de sal

calorías por persona: 220 aprox.
preparación: 5 min
tiempo de cocción: 45 min
dificultad: media

• Se sumergen los nidos de golondrina durante 12 horas en 1/2 litro de agua hirviendo.

• Se filtra con un colador y se ponen los nidos de golondrina escurridos en una olla con 50 cl de agua caliente.

• Se lleva a ebullición y se cuece a fuego lento durante 30 minutos.

• Se deja enfriar.

• Se retiran los tendones y filamentos de la pechuga de pollo y se pica muy fina.

• Se montan las claras de huevo a punto de nieve muy firme.

• Se baña el pollo con 20 cl de caldo de gallina frío, sin dejar de remover y añadiendo las claras montadas a punto de nieve.

• Se filtra el resto del caldo y se lleva a ebullición.

• Se añaden los nidos de golondrina y la maicena diluida en un poco de agua fría, se sala y se cuece durante unos 10 minutos.

• Se apaga el fuego, se añade poco a poco la crema de pollo removiendo, se tapa y se deja reposar durante 5 minutos aproximadamente.

• Se espolvorea la sopa con jamón picado y se sirve en seguida.

SOPA DE PESCADO AGRIDULCE

1 l de caldo de gallina
8 cucharadas de vinagre de arroz
3 cucharadas de salsa de soja
200 g de mújol
100 g de brotes de soja
2 cucharadas de azúcar
2 tomates
2 ramas de apio
guindilla

calorías por persona: 100 aprox.
preparación: 5 min
tiempo de cocción: 15 min
dificultad: ninguna

• Se añaden al caldo el vinagre de arroz, el azúcar y el mújol cortado en dados.
• Se incorpora la salsa de soja.
• Se hierve durante unos minutos y se añaden los tomates cortados en rodajas redondas, el apio en láminas y los brotes de soja; se cuece durante 2 minutos más.
• Se retira del fuego y se aromatiza con la guindilla molida.
• Se sirve caliente.

SOPA FLORIDA CON MAÍZ

100 g de carne magra de cerdo picada fina
200 g de maíz en conserva
3 huevos
1 cebolla pequeña
1 escalonia
1 diente de ajo
1,5 l de agua
1,5 cucharada de aceite vegetal
1/2 cucharadita de pimienta negra molida
1/2 cucharadita de azúcar
1 cucharadita de salsa de soja
1 cucharada de maicena
1/2 cucharadita de jengibre molido
sal

calorías por persona: 200 aprox.
preparación: 5 min
tiempo de cocción: 12 min
dificultad: ninguna

• Se mezcla una cucharada de aceite con la maicena, el azúcar, la pimienta, la salsa de soja, una pizca de sal, la carne y dos cucharadas de agua fría.
• En una cazuela, se dora durante un minuto en el resto del aceite el jengibre con la sal y con una picada hecha con la cebolla, el ajo y la escalonia.
• Se añade el agua hirviendo, el maíz escurrido y la mezcla con la carne.
• Se tapa, se lleva a ebullición y se cuece durante 10 minutos.
• Se apaga el fuego y se añaden los huevos batidos aparte mezclando de nuevo.
• Se deja reposar la sopa durante unos minutos y se sirve.

SOPA PICANTE CON CARNE Y CEBOLLAS

400 g de ternera
1,5 l de agua
1 cucharada de guindilla picada
2 cucharadas de aceite de sésamo
8 cebolletas
1 diente de ajo
1 cucharada de semillas de sésamo tostadas
1 cucharadita de azúcar
pimienta blanca
1 cucharada de salsa de soja negra

calorías por persona: 180 aprox.
preparación: 5 min
tiempo de cocción: 2 h aprox.
dificultad: ninguna

• Se corta la carne en dados, se cubre con agua, se lleva a ebullición y se cuece a fuego lento durante unas 2 horas.

• Se pelan las cebolletas, se cortan en rodajas y se fríen con el ajo, la guindilla y el aceite de sésamo durante unos 2 minutos.

• Se añaden las semillas de sésamo trituradas, el azúcar, la pimienta y la salsa de soja, y se cuece durante 2 o 3 minutos más.

• Se escurre la carne y se echa en la sartén, donde se saltea durante unos minutos.

• Se devuelve todo a la olla del caldo y se prosigue la cocción a fuego lento.

• Se añaden dos o tres vueltas de pimienta recién molida según el gusto antes de servir.

FIDEOS DE LARGA VIDA

300 g de fideos chinos
50 g de brotes de soja
100 g de pechuga de pollo
50 g de lomo de cerdo
50 g de judías verdes
1 loncha de jamón ahumado
1 rama de apio
5 o 6 setas
1 huevo
1/2 cebolla
1/2 diente de ajo
1 cucharada de salsa de soja
1 cucharada de maicena
1 pizca de azúcar
1 rodaja de jengibre fresco
aceite de soja
perejil
sal y pimienta

calorías por persona: *350 aprox.*
preparación: *15 min*
tiempo de cocción: *15 min*
dificultad: *mucha*

• Se pican la cebolla, las setas, el cerdo y el pollo, y se cortan en trozos menudos las judías y el apio.

• Se pone la carne de cerdo y de pollo en un adobo preparado con la mitad de la salsa de soja, una cucharada de aceite, un poco de agua fría, el azúcar, sal y pimienta.

• Se mezcla. Se añade al resto de salsa de soja la maicena, el jengibre muy picado y medio vaso de agua fría.

• Se cuecen los fideos durante 3 minutos en una gran cantidad de agua hirviendo, se escurren y se fríen en el aceite, en pequeñas cantidades, hasta que estén dorados.

• Se fríen en un poco de aceite las judías, los brotes de soja, el apio, las setas y la cebolla.

• Se sazona, después se tapa y se rehoga durante unos 3 o 4 minutos .

• Se prepara con el huevo una tortilla muy fina y se corta en tiras delgadas.

• Se fríe el ajo en un poco de aceite caliente, se añade la carne con su adobo, se mezcla y se cuece durante 2 minutos.

• Se añaden las verduras.

• Se echa en el centro la salsa preparada, se tapa y se cuece durante 2 minutos. Se añaden los fideos y se saltean mezclando delicadamente durante 3 o 4 minutos a fuego vivo.

• Se pone la preparación en una fuente y se decora con tiras de tortilla y de jamón y unas hojas de perejil.

FIDEOS EN CALDO

250 g de fideos
130 g de espinacas
800 g de caldo de gallina
50 g de pechuga de pollo
100 g de brotes de bambú
1 loncha de jamón ahumado
2 setas
1/2 cucharada de salsa de soja
1 cucharada de aceite de sésamo
1 pizca de azúcar
sal y pimienta

calorías por persona: 280 aprox.
preparación: 5 min
tiempo de cocción: 15 min
dificultad: ninguna

• Se corta el jamón en tiras finas, el bambú en dados y las setas lavadas y el pollo en láminas.
• Se mezcla la mitad de la salsa de soja con el azúcar, una pizca de sal, otra de pimienta y el pollo.
• Se sumergen los fideos en agua hirviendo, se cuecen 2 minutos, se escurren y se echan en el caldo caliente con una pizca de sal.
• Se dora el pollo durante un minuto en una sartén untada con aceite. Se añaden el bambú, las setas, las espinacas bien lavadas y el resto de la salsa de soja.
• Se cuece durante unos minutos.
• Se echa en una sopera el caldo con los fideos y la mezcla de pollo y verduras. Se decora la superficie con el jamón y se sirve.

TOSTADAS CON GAMBAS

6 rebanadas de pan de miga
250 g de gambas peladas
30 g de chicharrones picados
1 cebolla tierna picada fina
2 cucharadas de castañas de agua en conserva
2 láminas picadas de raíz de jengibre fresco
1 cucharadita de sal
2 claras de huevo ligeramente batidas
2 cucharadas de maicena
semillas de sésamo
aceite para freír

calorías por persona: 180 aprox.
preparación: 5 min
tiempo de cocción: 3 min
dificultad: media

• Se cortan las rebanadas de pan en triángulos o en cuadrados, en dos o en cuatro, y se retira la corteza.
• Se alinean los trozos de pan uno junto a otro y se dejan secar.
• Se mezclan las gambas con la cebolla tierna, las castañas de agua, los chicharrones, el jengibre, la sal, las claras de huevo y la maicena, hasta obtener una mezcla homogénea y densa.
• Se extiende un poco de esta mezcla en cada tostada igualando bien los bordes y se recubre con semillas de sésamo.
• Se calienta el aceite en la sartén y se fríen las tostadas, primero por el lado que lleva el relleno y después por el otro.
• Se escurre sobre papel absorbente y se sirve bien caliente.

TOFU CON CEBOLLA

4 bloques de tofu
1 cebolla picada
1 guindilla de Cayena picada
1 cucharada de aceite de soja
aceite para freír
sal

calorías por persona:	200 aprox.
preparación:	2 min
tiempo de cocción:	3 min
dificultad:	ninguna

• Se practican unas incisiones en los bloques de tofu y se introduce en ellas un poco de cebolla, guindilla, aceite y sal previamente mezclados.

• Se fríen los bloques en una gran cantidad de aceite bien caliente y se sirven en seguida.

TOFU AL VAPOR

3 trozos de tofu (200 g aprox.) cortados en dados
200 g de lomo de cerdo picado
50 g de setas negras
1 cebolla grande picada
1 cebolla tierna picada
3 cucharadas de salsa de soja
1 cucharada de coles en salmuera

calorías por persona:	200 aprox.
preparación:	5 min
tiempo de cocción:	30 min
dificultad:	media

• Se remojan las setas en agua y se escurren.

• Se mezcla la salsa de soja con la carne, el tofu, la cebolla, la cebolla tierna, las coles en salmuera y las setas.

• Se mezcla bien, se echa en un recipiente y se cuece al baño María durante unos 30 minutos. Se sirve en seguida.

TOFU PICANTE

4 bloques de tofu
3 láminas de raíz de jengibre cortadas en dados
1 cucharada de aceite de soja
sal
aceite para freír
pimienta recién molida

calorías por persona: 120 aprox.
preparación: 5 min
tiempo de cocción: 3 min
dificultad: ninguna

• Se mezcla el jengibre con el aceite. Se sala y se añade mucha pimienta.
• Se practican unas incisiones en los bloques de tofu y se introduce dentro un poco de la mezcla preparada anteriormente.
• Se fríen los bloques de tofu en una gran cantidad de aceite bien caliente y se sirven de inmediato.

OVA SECA TOSTADA

3 hojas de ova seca comprimida
1 cucharada de aceite de sésamo
sal

calorías por persona: 60 aprox.
preparación: 1 min
tiempo de cocción: 1 min
dificultad: ninguna

• Se extiende el aceite de sésamo por un lado de cada hoja de ova y se sala.
• Se mantiene cada hoja de ova sobre la llama de la cocina durante 10 segundos, hasta que se vuelva verde brillante, procurando no quemarla.
• Se deja enfriar ligeramente, se corta en cuadrados y se sirve.

ÍNDICE DE RECETAS

9 781683 258766